디지털 교과서 시대

학생과 교사를 위한
지침서

AI를
내 편으로 만드는
질문의 기술

글　김상수
그림　프롬프트랩

스푼북

* 이 책의 글과 이미지는 AI 도구의 도움을 받아 제작되었습니다. 글 작성에는 ChatGPT 4.o과 Gemini가 사용되었으며, 이미지 생성에는 DALL-E와 Adobe Firefly가 활용되었습니다. AI 도구를 활용한 이미지 생성 과정에서 일관성을 유지하는 데 어려움이 있었지만, 인공 지능 소개서를 AI로 제작한다는 의미에서 이러한 방식을 선택했습니다. 이 책이 독자들에게 인공 지능의 무한한 가능성을 탐구할 수 있는 계기가 되길 바랍니다.

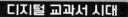

디지털 교과서 시대
학생과 교사를 위한
지침서

+

AI를 내 편으로 만드는 질문의 기술

글 　김상수
그림 　프롬프트랩

질문으로 시작하는 AI 학습

"질문이 곧 배움의 시작입니다."

이 책을 구상하면서 가장 자주 떠올린 말입니다. AI 시대의 학습은 단순히 정보를 얻는 것을 넘어, 질문을 통해 문제 해결 능력을 키우는 과정이라고 믿습니다. 《AI를 내 편으로 만드는 질문의 기술》은 학생과 교사가 AI를 활용하여 이러한 질문의 힘을 탐구하고, 이를 통해 학습과 성장을 이어갈 수 있도록 돕기 위해 기획된 책입니다.

AI는 방대한 데이터를 빠르게 처리하고, 복잡한 개념을 명확히 시각화하며, 학습자의 수준과 요구에 맞춰 학습을 지원하는 강력한 도구입니다. 하지만 AI의 진정한 가치는 좋은 질문에서 시작됩니다. 적절한 질문은 AI가 단순히 답을 제공하는 데 그치지 않고, 질문자가 더 깊이 있게 생각할 수 있도록 이끕니다.

책 속의 제이와 케이, 그리고 선생님은 AI와 함께 학습하며 끊임없이 질문을 던지고, AI와 교류하며 그 답을 찾아갑니다.

그 과정을 통해 독자는 AI를 통해 얻은 답이 단순히 학습의 끝이 아니라, 더 나은 질문으로 이어지는 시작점이라는 사실을 발견하게 될 것입니다.

이 책은 AI를 활용한 학습에서 질문하는 법을 자연스럽게 체득할 수 있도록 구성되어 있습니다. 학생들은 스스로 질문을 던지며 문제를 해결하는 주체적인 학습자로, 선생님은 학생들의 사고를 확장할 수 있게 돕는 동반자로 성장할 것이라 믿습니다. 미래 교육은 질문으로 시작해 협력으로 이어지며, 그 과정에서 AI는 새로운 배움의 세계로 이끄는 다리가 되어줄 것입니다.

연세대학교와 카이스트에서 기계공학을 공부한 친구, 이상엽은 단단한 선형대수 실력으로 인공지능을 통찰하며 저에게 많은 영감을 주었습니다. 《AI를 내 편으로 만드는 질문의 기술》을 통해 여러분 모두가 질문으로 배우고 성장할 수 있기를 진심으로 바라며, AI 시대의 새로운 학습 여정을 함께 열어가길 기대합니다.

김상수

차례

일러두기

이 책은 소개한 학습 이론에 따라 실제로 학습하는 내용을 담고 있습니다. 학생을 가르치는 모든 분들께 '한 발 더 나아가기'를 꼭 읽으시기를 권장드립니다.

좋은 질문을 만드는 학습 이론

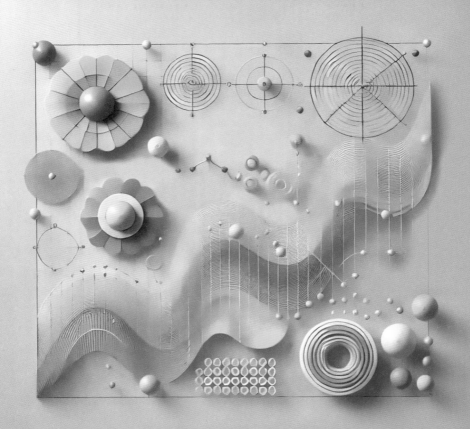

새 학기의 첫날, 상쾌한 아침 공기 속에서 제이와 케이는 인공 지능(AI) 학습실 앞에서 우연히 만났다.

"안녕, 케이! 여기서 뭐해?"

"안녕, 제이! AI 활용 특별 수업이 흥미로워 보여서 알아보려고 왔어."

학습실은 최신 컴퓨터, 대형 디스플레이, VR 장비, 그리고 AI 실험 도구들로 가득했다. 자유롭게 토론할 수 있는 공간과 세련된 디자인의 책상들도 눈에 띄었다.

두 사람은 학습실로 들어가 선생님을 만났다. 선생님이 미소 지으며 말했다.

"이 수업에서는 AI를 사용해 자기 주도 학습을 할 수 있는 방법을 배울 거란다. 창의적으로 사고하는 방법과 문제 해결 능력을 키울 수 있을 거야."

그때 대형 디스플레이에 AI 도우미 '알파'가 등장해 인사했다.

"안녕하세요, 저는 알파입니다. 여러분을 도울 거예요."

"이제 우리는 학습 이론을 통해 더 효과적으로 AI를 사용하는 법을 배울 거야. 두 가지 이론을 소개해 줄 테니 잘 기억해

두렴."

선생님은 화면에 다이어그램을 띄웠다.

"먼저 Bloom의 수정된 인지 이론 은 학습이 단순한 암기를 넘어서 이해하고 응용하는 단계로 발전하는 과정을 설명한단다. 학습자는 지식을 기억하고 이해하는 단계에서 이를 적용하고 분석하며, 궁극적으로는 새로운 아이디어를 창조하는 단계까지 나아갈 수 있지."

제이는 고개를 끄덕이며 물었다.

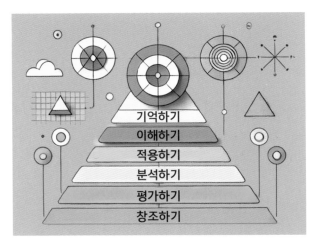

Bloom의 수정된 인지 이론: 기억하기, 이해하기, 적용하기,
분석하기, 평가하기, 창조하기로 이어진다.

"그럼 다른 이론은 무엇인가요?"

선생님이 답했다.

" 구성주의 학습 이론 은 학습자가 스스로 지식을 구성해 나가도록 돕는 이론이야. 단순히 정보를 받아들이기보다는 경험을 통해 새로운 개념을 발견하고 이해하는 데 중점을 두고 있지. 이 이론에 따르면, 학습자는 능동적인 역할을 하고, 기존의 지식에 새로운 정보를 연계해 가며 스스로 학습을 확장해 나가는 거야."

이어 알파가 화면을 통해 덧붙였다.

"AI는 학습 데이터를 분석해 각각의 학습자에게 맞춤형 학습 전략을 제시할 수 있어요. 학습자가 필요한 부분에 더 집중하도록 도와주기 때문이지요."

제이가 다시 물었다.

"그럼 두 이론이 왜 중요한가요?"

선생님이 미소 지으며 설명했다.

"Bloom의 이론은 학습을 단계적으로 쌓아 나가며, 학습자의 지식이 점점 깊어질 수 있도록 도와주지. 구성주의 이론은

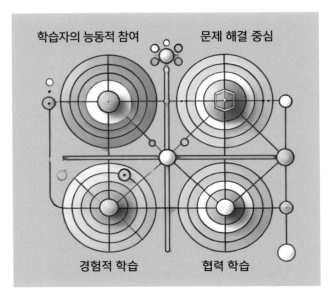

구성주의 학습 이론: 학습자의 능동적 참여, 문제 해결 중심, 경험적 학습, 협력 학습을 핵심 요소로 강조한다.

학습자가 스스로 배우는 능동적 학습을 강조해서 지식이 단순히 외부에서 주어진 것이 아니라 학습자 자신의 경험과 탐구를 통해 형성된다는 점을 중요하게 여긴단다. AI와 함께 두 이론을 적용하면 학습 효과가 훨씬 커질 거야. 학습자는 지식을 더 깊이 이해하고, 자신만의 방식으로 적용하며 성장하게 되는 거지."

제이와 케이는 학습의 깊이와 의미를 새롭게 이해하기 시작했다. 학습은 단순히 정보를 외우는 것이 아니라 스스로 이해하고 새로운 상황에 적용해 나가는 과정이라는 것을 깨닫자 앞으로 AI와 함께 어떤 방식으로 학습을 발전시킬 수 있을지 기대감이 차올랐다.

선생님은 이들의 반응을 보며 덧붙였다.

"지금부터 우리가 배운 학습 이론과 AI를 결합하는 방법에 대해 더 구체적으로 다뤄 볼 거야. 학습이 어떻게 단계별로 심화되는지, 그리고 AI가 여러분의 능동적 학습을 어떻게 지원할 수 있는지 함께 탐구해 보자."

1. Bloom의 수정된 인지 이론의 적용

기억하기

선생님은 Bloom의 수정된 인지 이론이 AI와 어떻게 연결되는지 설명하기 시작했다.

"첫 번째 단계는 기억하기 란다. 기본적인 사실과 개념을 기억해서, 이후 단계에 이를 활용할 수 있는 기초를 쌓는 거지."

선생님이 다정한 목소리로 말했다.

"역사적 사건을 기억할 때 '인물', '장소', '원인'으로 나누어 공부하면 훨씬 쉽게 기억할 수 있지. 이건 AI가 정보를 작게 나누어 학습하는 방식과 비슷하단다."

선생님의 설명에 따라 학생들은 고개를 끄덕였고, 화면에 나타난 AI 도우미 알파가 말을 이었다.

"기본적인 사실과 개념을 기억해서, 이후 단계에 이를 활용할 수 있는 기초를 쌓는 거지."

이해하기

"다음 단계는 이해하기 야. 이해하는 것은 단순히 외우는 게 아니라, 학습한 정보를 설명하고 실제로 활용하는 걸 말하지."

케이가 손을 들고 질문했다.

"새로운 개념을 이해할 때는 어떻게 해야 하는지 궁금해요."

선생님은 다정하게 미소 지으며 대답했다.

"새로운 개념을 기존 지식과 연결해 보면 좋단다. 예를 들어, 새롭게 배운 역사적 사건을 이전에 배운 사건들과 연결하면서 보면 전체적인 흐름을 잡기가 쉬워지지."

케이는 다시 고개를 끄덕였고, 알파도 화면에 나타나 설명을 덧붙였다.

"AI도 개념 간의 관계를 파악하면서 맥락을 이해해요. 새로운 개념을 배울 때 비슷하게 기존 지식과 연결하면서 이해하면 좋아요."

적용하기

선생님은 적용하기 단계로 넘어가며 말했다.

"이 단계에서는 학습한 내용을 실제 문제에 적용해 보는 거야. 예를 들어, 배운 수학 공식을 새로운 문제에 써 보는 거지."

제이가 손을 들며 질문했다.

"새로운 문제에 맞게 배운 내용을 적용하려면 어떻게 해야 할까요?"

선생님은 친절하게 대답했다.

"여러 번 연습해 보는 게 중요해. 다양한 문제에 적용하다 보면 점점 익숙해질 거야."

그때 알파가 화면에 나타나 설명을 덧붙였다.

"처음에는 조금 어렵겠지만, 반복 연습을 통해 점점 더 자연스럽게 문제를 해결할 수 있을 거예요. 필요한 경우에는 방식을 수정해 가면서 배운 내용을 새롭게 적용해 보는 것도 큰 도움이 되죠."

분석하기

선생님은 분석하기 단계로 넘어가며 설명을 이어갔다.

"분석하기 단계는 정보를 체계적으로 분석하고 중요한 구성 요소들을 파악하는 과정이야. AI가 데이터를 구조적으로 분석해 패턴을 찾아내는 것처럼, 우리도 중요한 요소들이 서로 어떻게 연결되는지 이해할 수 있어."

케이는 고개를 끄덕이며 큰 데이터를 다룰 때 정보를 효과적으로 조직하는 방법의 중요성을 느꼈다.

선생님은 이어 메타 인지가 학습자가 자신의 분석 방식을 점검하고 필요한 경우 수정하는 데 도움이 된다고 덧붙였다.

"문학 작품에서 주요 테마를 분석할 때처럼, 학습자도 스스로 분석 방식을 점검할 수 있지."

선생님은 이제 평가하기 단계로 넘어갔다.

"이 단계에서는 학습자가 배운 내용을 새로운 문제에 적용하면서 자신의 이해도를 점검해 보는 거야. AI가 전이 학습을 통해 새로운 상황에 지식을 적용하고 결과를 평가하는 것과 비슷하지."

평가하기

선생님은 평가하기 과정을 통해 부족한 부분을 파악하고 보완할 기회를 얻을 수 있다고 강조했다. 제이는 고개를 끄덕이며 말했다.

"배운 내용을 다른 문제에 적용해 보면서 자연스럽게 부족한 부분도 찾아낼 수 있겠네요."

창조하기

마지막으로 선생님은 창조하기 단계가 창의적 문제 해결과 연결된다고 설명하며 말했다.

"이 단계에서는 기존에 배운 지식을 조합해 새로운 아이디어를 만들어 보는 거야. 패턴 인식이나 전이 학습을 바탕으로 아이디어를 결합하고 창의적으로 표현해 보는 게 중요하지."

제이와 케이는 기대감이 가득한 표정으로 창의적인 방식으로 배운 지식을 발전시킬 방법을 생각했다.

선생님은 Bloom의 각 단계가 AI의 인지적 유연성을 통해 학습을 더욱 깊이 있게 만들어 줄 수 있다고 강조했다.

"이런 사고 방식을 통해 너희들이 다양한 상황에서 문제를 창의적으로 해결하는 데 큰 도움이 될 거야."

2. 구성주의 학습 이론 적용

선생님은 교실 앞에 구성주의 학습 이론과 AI의 인지적 유연성을 요약한 자료를 띄우고 설명을 시작했다. 이번 수업의 주제는 학습자의 주도성, 경험 기반 학습, 문제 해결 중심 학습, 협력 학습 등 구성주의 학습법과 인지적 유연성 요소인 문제 분해, 연관성 기반 학습, 패턴 인식, 전이 학습, 메타 인지가 어떻게 연결되는지 이해하는 것이었다.

학습자의 주도성

먼저, 선생님은 학습자의 주도성에 대해 설명했다.

"구성주의에서는 학습자가 스스로 학습 목표를 설정하고, 흥미 있는 주제를 선택해 자료를 찾고 조사하는 주도성이 중요해. 예를 들어, 복잡한 주제를 다룰 때 문제 분해를 통해 큰 문제를 작은 부분으로 나누고 각각의 목표를 세우면 더 구체적으로 접근할 수 있지."

제이는 이를 듣고 고개를 끄덕이며 말했다.

"학습 목표를 작게 나누어 계획을 세우는 게 중요하군요."

선생님은 웃으며 메타 인지를 활용해 자신의 목표 설정 방식이 효과적인지 확인하는 것도 큰 도움이 된다고 덧붙였다. 이어서 경험 기반 학습에 대해 설명을 시작했다.

경험 기반 학습

" 경험 기반 학습 은 배운 내용을 일상 속에서 직접 경험과 연결하는 거야. 예를 들어, 과학 수업에서 배운 이론을 실제 현상에 적용해 보면 더 깊이 이해할 수 있지."

케이는 자신이 운동 중 느꼈던 신체 반응을 생물학에서 배운 내용과 연결해 보며 학습 효과가 커졌던 기억을 떠올렸다.

선생님은 경험을 통해 얻은 지식을 다른 상황에 적용해 보는 것이 중요하다고 설명했다.

"하지만 선생님, 일상 경험을 학습과 연결하는 게 생각보다 어려워요."

선생님은 고개를 끄덕이며 공감했다.

"단순히 정보를 외우는 게 아니라 그 정보를 자신의 경험과 연결해 깊이 이해하는 과정이니까. 이 과정에는 비판적 사고와 창의적 사고가 필요하단다."

문제 해결 중심 학습

세 번째로 선생님은 문제 해결 중심 학습을 설명했다.

"문제 해결 중심 학습은 실제 문제를 해결하면서 지식을 습득하고, 응용하는 능력을 키우는 과정이야. 예를 들어, 수학 문제를 풀 때 단순히 공식을 외우는 것이 아니라, 그 공식을 실제 문제에 적용해 보면서 이해하는 게 중요하지."

그때 AI 도우미 알파가 화면에 나타나 설명을 덧붙였다.

"이 과정에서 패턴 인식이 중요한 역할을 합니다. 학습자가 유사한 문제의 패턴을 파악하고, 새로운 문제에 적용해 보면 문제 해결 능력을 더욱 키울 수 있어요."

선생님이 말했다.

"맞아, 반복적으로 패턴을 파악하고 다른 문제에 적용하는 연습을 하면 문제 해결 능력이 더 향상될 수 있어."

케이는 이 과정을 통해 실제 문제 해결에 패턴 인식이 얼마나 도움이 되는지 새롭게 이해하게 되었다.

AI 도우미 알파가 덧붙였다.

"문제를 해결할 때는 먼저 문제를 작은 단계로 나누어 접근해 보세요. 다양한 자료를 참고하거나, 팀 프로젝트로 다른 사람들과 협력해 보는 것도 큰 도움이 될 거예요."

협력 학습

마지막으로, 선생님은 협력 학습의 중요성을 강조했다.

"협력 학습은 함께 학습하며 서로의 의견을 나누고 문제를 함께 해결하는 방식이야. 예를 들어, 각자가 작은 부분을 맡아 해결하는 문제 분해 방식을 통해 협력할 수 있지. 이 과정에서는 각자의 아이디어를 연결해 더 깊이 있는 학습이 가능해진단다."

알파가 추가로 설명을 덧붙였다.

"협력 학습은 명확한 목표 설정, 역할 분담, 그리고 서로의 의견을 경청하고 조율하는 과정이 필요합니다. 의견이 다를 때는 공통 목표를 찾고 서로의 입장을 이해하는 것이 중요하지요."

케이는 고개를 끄덕이며 말했다.

"다양한 관점을 나누다 보면 새로운 아이디어를 얻을 수 있겠어요."

선생님은 각 단계에서 인지적 유연성이 학습을 더욱 깊이 있게 만드는 데 중요한 역할을 한다고 강조하며, 이러한 요소들이 Bloom의 수정된 인지 이론의 각 단계와도 자연스럽게 연결된다고 설명했다.

3. 새로운 학습 방법 탐색

"이제 AI를 활용해 더 주도적으로 공부하는 방법을 배워 보자. 각 과목을 기초, 일반, 심화 단계로 나누어 여러분의 수준에 맞게 학습할 수 있도록 도와줄 거야."

선생님이 설명하자 제이가 물었다.

"과목을 단계별로 나누면 어떤 점이 좋은가요?"

선생님이 제이의 질문에 답했다.

"자신이 어느 수준에 있는지 알 수 있고, 배울 내용을 미리 준비할 수 있어. 게다가 AI가 도와주니 어려운 내용을 접해도 큰 부담 없이 학습할 수 있지.”

“어떻게 주제를 배우게 되나요?”

케이가 묻자 선생님은 Bloom의 인지 이론을 바탕으로 질문을 구성할 계획이라 설명했다.

“수학의 ‘1차 함수’를 배운다면 개념을 이해하고, 기울기와 y 절편의 의미를 차근차근 알아가면서 문제를 해결하는 방식으로 진행하면서 AI에게 질문하는 법을 터득할 거야.”

“다른 과목에서도 비슷한 방식으로 할 수 있을까요?”

제이가 묻자, 선생님은 문학의 예로 시 〈진달래꽃〉을 공부할 때 시에 담긴 감정을 이해하고, 다른 시와 비교해 보는 방식을 설명해 주었다.

케이가 궁금한 듯 다시 물었다.

“AI는 어떻게 도와주나요?”

“AI는 필요한 정보를 제공해 주고, 참고 자료를 찾아 주기도 해. 예를 들어, 시를 공부할 때 〈진달래꽃〉과 비슷한 감정을 표현한 시를 추천받을 수 있지. 이때 메타 인지를 활용해 자신이 이해한 내용을 스스로 점검해 보는 것이 중요해."

선생님은 각 과목별 예시를 간단히 설명했다.

- 수학 (1차 함수): 함수의 정의, 기울기, y절편을 일상 예와 연결해 학습.
- 시 문학 (진달래꽃): 시의 감정과 상징을 찾아보고 다른 시와 비교.
- 비문학 (녹색 전환): 지속 가능한 발전 개념을 배우고 실생활과 연결.
- 과학 (상태 변화): 물질의 상태 변화를 분자 수준에서 이해하고 일상 사례 탐구.
- 사회 (세계 기후): 세계 기후와 지역 특성, 기후 변화가 사회에 미치는 영향 탐구.

"AI와 함께 학습하면 앞으로 스스로 더 나은 질문을 만들고 배울 수 있게 될 거야."

선생님의 말을 듣고 제이와 케이는 미소를 지었다.

Bloom의 수정된 인지 이론

Bloom의 수정된 인지 이론은 벤저민 블룸이 개발한 학습 목표 설정과 평가를 위한 이론으로, 학습자가 지식을 처리하고 활용하는 과정을 6단계로 나눕니다.

1. **기억하기 (Remembering)**: 정보를 기억하고 회상하는 단계.
 · 예시: "세계 대전의 주요 사건을 나열하세요."
 · AI 도움: 정보를 빠르게 검색하고 요약해 학습자가 필요한 정보에 쉽게 접근하도록 도와줍니다.

2. **이해하기 (Understanding)**: 정보를 설명하고 해석하는 단계.
 · 예시: "세계 대전의 원인을 설명하세요."
 · AI 도움: 개념을 시각적으로 표현하거나 추가 예시를 제시해 학습자가 내용을 쉽게 이해할 수 있게 지원합니다.

3. **적용하기 (Applying)**: 배운 개념을 새로운 상황에 적용하는 단계.

· 예시: "세계 대전의 전략을 현대 전쟁에 적용해 보세요."

· AI 도움: 유사한 상황이나 사례를 제안해 학습자가 개념을 실제 상황에 적용하는 연습을 할 수 있도록 돕습니다.

4. **분석하기 (Analyzing)**: 정보를 분석하여 구조와 관계를 이해하는 단계.

· 예시: "세계 대전의 주요 사건을 비교하세요."

· AI 도움: 데이터를 비교하고 분석해 각 요소 간의 관계를 시각적으로 보여 주어 학습자가 쉽게 분석할 수 있도록 합니다.

5. **평가하기 (Evaluating)**: 정보를 평가하고 판단하는 단계.

· 예시: "세계 대전의 전략을 평가해 보세요."

· AI 도움: 다양한 관점을 제공하여 학습자가 정보를 다각도로 평가하고 더 깊이 있는 판단을 내리도록 돕습니다.

6. **창조하기 (Creating)**: 지식을 바탕으로 새로운 것을 창출하는
단계.
- 예시: "세계 대전을 주제로 프로젝트를 만들어 보세요."
- AI 도움: AI는 아이디어 생성 도구를 활용해 학습자가 창의적인 프
로젝트를 설계하고 구체화할 수 있도록 지원합니다.

이처럼 AI는 각 단계에서 맞춤형 학습을 돕고, 학습자가 더 효과적으
로 목표를 달성할 수 있게 해 줍니다.

구성주의 학습 이론의 원리

구성주의 학습 이론은 학습자가 주도적으로 학습에 참여하고, 경험을 바탕으로 지식을 구성하는 이론입니다. 이 학습 이론은 학생이 능동적으로 문제를 해결하고 새로운 지식을 만들어가는 것을 목표로 합니다.

- 핵심 원리 -

1. 학습자의 주도성: 학습자가 자신의 흥미에 따라 학습 방향을 설정합니다.

 · 활동: 프로젝트 기반 학습, 탐구 활동.

 · AI 도움: 문제 분해.

2. 경험 기반 학습: 학습자가 경험을 통해 새로운 정보를 기존 지식과 연결합니다.

 · 활동: 실험, 현장 학습.

 · AI 도움: 연관 학습.

3. 선지식 중심의 학습: 이미 알고 있는 개념을 통해 새로운 정보를 더 쉽게 받아들입니다.

· 활동: 사전 지식 확인, 개념 지도 만들기.

· AI 도움: 패턴 인식.

4. 문제 해결 중심: 실제 문제를 해결하면서 학습의 의미를 더합니다.

· 활동: 문제 기반 학습, 시뮬레이션.

· AI 도움: 전이 학습.

5. 협력 학습: 학습자 간 협력을 통해 지식을 공유하고 의견을 나눕니다.

· 활동: 그룹 프로젝트, 토론.

· AI 도움: 협력적 문제 분해.

- 적용 예시 -

· 과학 수업: 실험을 통해 과학 원리 탐구.

· 역사 수업: 역사적 사건 재구성 및 영향 분석.

· 수학 수업: 실생활 문제를 수학적으로 모델링.

구성주의 학습 이론은 학습자가 학습을 주도하며 의미 있는 경험을 통해 깊이 있는 이해와 문제 해결 능력을 기르도록 돕습니다.

1장

수학 학습 탐구

"얘들아, 수학이 어렵다고 느낄 때, 그 어려움을 극복하는 데 가장 필요한 게 뭐라고 생각하니?"

케이는 생각에 잠긴 듯 잠시 고개를 갸웃하다가 손을 들고 대답했다.

"기초부터 차근차근 배우는 게 중요하다고 생각해요!"

선생님은 만족스럽게 고개를 끄덕이며 케이의 의견에 동의했다.

"맞아, 케이! 초등학교에서 배운 기본 개념을 탄탄히 다져 놓는 것이 중요한 첫걸음이지. 이 기초가 튼튼해야 그 위에 새로운 개념을 쌓아갈 수 있단다."

그때 AI 도우미 알파가 화면에 나타나 말했다.

"그럼 비의 개념부터 차근차근 시작해 볼까요?"

"비는 두 양을 비교하는 것이죠?"

케이의 대답을 듣고 알파가 미소 지으며 설명을 이어갔다.

"네. 예를 들어 3:2라는 비율은 사과가 오렌지보다 1.5배 많다는 것을 뜻해요. 이렇게 비율을 통해 두 양의 관계를 비교하는 것이 바로 비의 개념이지요."

제이도 흥미를 보이며 질문했다.

"그렇다면 비례 관계는 뭔가요?"

알파는 화면에 간단한 예시를 띄우며 설명했다.

"좋은 질문이에요, 제이! 비례 관계는 두 양이 일정한 비율로 함께 변하는 관계를 말해요. 예를 들어, 사과 한 개의 가격이 500원이라면, 두 개는 1,000원이 되는 것처럼요. 사과 개수가 늘어나면 가격도 그 비율만큼 일정하게 증가하는 거죠."

케이는 고개를 끄덕이자 알파가 덧붙여 설명했다.

"비례 관계에서는 x가 커지면 y도 일정한 비율로 함께 커진답니다."

선생님이 마지막으로 한 번 더 강조하며 말했다.

"비와 비례 관계를 잘 이해하면 앞으로 배울 1차 함수 개념도 쉽게 받아들일 수 있을 거야. 기본 개념이 튼튼해야 복잡한 개념도 쉽게 이해할 수 있단다."

제이와 케이는 '비례 관계'에 대해 궁금한 점을 알파에게 질문했다.

Q: 비례 관계에서 x와 y는 어떻게 변하나요?

AI: 비례 관계에서는 x가 커지면 y도 일정한 비율로 함께 커지고, x가 작아지면 y도 같은 비율로 작아집니다. 두 값이 항상 일정한 비율을 유지하며 변하는 것이 비례 관계의 특징이에요.

Q: 비례 관계의 예시를 들어 주세요.

AI: 사과 한 개의 가격이 1,000원일 때를 생각해 볼 수 있습니다. 사과 두 개를 사면 2,000원, 세 개를 사면 3,000원이 됩니다.

1. 함수의 기초 개념

교실에서 제이와 케이는 선생님의 설명을 들으며 함수에 대해 배우기 시작했다. 선생님은 칠판에 '함수'라는 단어를 적으며 말했다.

"이제 우리가 배운 비례 관계를 확장해, 더 일반적인 수학적 개념인 함수에 대해 알아보자."

제이가 손을 들고 물었다.

"함수가 뭔가요?"

선생님이 대답했다.

"**함수**는 한 값이 다른 값에 따라 변하는 관계를 말한단다. 앞서 배운 비례 관계도 함수의 일종이야."

그러자 제이가 다시 물었다.

"그럼 함수는 비례 관계보다 더 복잡한 건가요?"

선생님은 비례 관계가 $y = ax$의 형태로 표현될 수 있으며, 여기서 a는 두 값 사이의 변화율을 나타내는 비례 상수라고 설명했다.

선생님은 예시를 들며 설명을 이어갔다.

"예를 들어, 귤 한 개의 가격이 500원이라면, 귤의 개수 x와 총 가격 y 사이의 관계는 $y = 500x$라는 함수로 표현할 수 있어. 귤이 한 개씩 늘어날 때마다 가격도 일정 비율로 증가하는 거지."

제이와 케이는 '비례 관계와 함수'에 대해 궁금한 점을 알파에게 질문했다.

Q: 비례 관계와 함수의 차이는 무엇인가요?

AI: 비례 관계와 함수는 서로 관련이 있지만 중요한 차이가 있어요.

· 비례 관계는 두 변수 간의 관계가 일정한 비율로 변하는 것을 의미해요. 예를 들어, $y=kx$와 같은 식에서 k는 두 변수 사이의 비율을 나타내며, x가 증가하면 y도 일정한 비율로 증가해요. 이 관계에서는 그래프가 항상 원점을 지나요.

· 함수는 하나의 입력값이 하나의 출력값과 대응되는 관계를 의미해요. 비례 관계는 함수의 한 종류일 수 있지만, 모든 함수가 비례 관계는 아니에요. 예를 들어, $y=ax+b$ 형태의 1차 함수는 비례 관계가 아닐 수도 있어요. b 값이 0이 아니라면 그래프는 원점을 지나지 않거든요.

즉, 비례 관계는 원점을 지나는 특수한 함수 관계라고 생각할 수 있어요.

Q: $y=ax$에서 a는 무엇을 의미하나요?

AI: $y=ax$에서 a는 비례 상수를 의미합니다. 예를 들어, 사과 한 개의 가격이 1,000원일 때를 생각해 보세요. 이때 a는 사과 한 개의 가격인 1,000을 나타내죠. 즉, a는 x가 변할 때 y가 얼마나 변하는지를 알려 주는 비례 상수입니다.

2. 함수 $y = ax + b$

이번 시간은 비례 관계를 확장한 함수, $y = ax + b$에 대해 배우기로 했다. 선생님이 칠판에 새로운 문제를 적으며 설명을 시작했다.

"이제 우리가 배운 비례 관계에서 한 걸음 더 나아가 보자. 이번에는 함수에 b라는 값을 추가해 볼 텐데, b는 무엇을 의미할까?"

케이가 손을 들며 말했다.

"음······ b는 고정된 값인가요?"

선생님이 고개를 끄덕이며 설명했다.

"맞아, b는 고정된 값이야. 비례 관계에서는 x와 y가 일정한 비율로만 변했지? 그런데 b가 추가되면 그 비율 외에도 일정한 값이 더해지게 된단다. 이제 예시로 설명해 줄게."

선생님은 칠판에 문제를 적었다.

"택시의 기본 요금이 1,000원이고 1km당 500원이 추가된다고 가정해 보자. 이 상황을 함수로 표현하면 $y = 500x + 1000$이 되지. 여기서 x는 이동한 거리, y는 총 요금, 500은 거리당 추가 요금, 그리고 1000은 기본 요금이야."

제이가 칠판을 보며 질문했다.

"x가 5km면, y는 어떻게 구하나요?"

선생님이 웃으며 답했다.

"$x = 5$일 때 y를 구하면 되겠지. $y = 500 \times 5 + 1000$이니까, $y = 2500 + 1000$이 되겠지? 그래서 총 요금은 3,500원이 된단다."

케이가 고개를 끄덕이며 말했다.

"아, 이제 이해됐어요. b는 고정된 값이고 처음에 더해지는 거군요. 그러니까 기본 요금 같은 거네요!"

"정확해, 케이! b는 시작할 때 더해지는 고정된 값이야. 그 값이 문제의 기본 구조에 영향을 주는 거지. b가 추가되면 비례 관계보다 더 다양한 상황을 설명할 수 있어."

제이가 흥미롭게 물었다.

"그럼 실생활에서 b가 적용되는 다른 예시도 있을까요?"

선생님이 미소를 지으며 대답했다.

"물론이지! 예를 들어, 통신사에서 기본 요금을 내고, 이후 사용하는 데이터에 따라 추가 요금을 내는 상황도 같은 원리야. 여기서 기본 요금이 바로 b에 해당해."

케이가 고개를 끄덕이며 말했다.

"앞으로는 더 복잡한 문제도 $y = ax + b$로 풀 수 있을 것 같아요!"

"맞아! b를 추가하면 더 복잡한 문제를 더 정확하게 설명할 수 있어. 앞으로 다양한 문제에서 b의 의미를 잘 생각해 보면,

실생활 문제도 더 쉽게 풀 수 있을 거야."

제이와 케이는 '$y = ax + b$'에 대해 궁금한 점을 알파에게
질문했다.

Q: $y = 500x + 1000$에서 1000은 무엇을 의미하나요?

AI: $y = 500x + 1000$에서 1000은 y의 시작값 또는 절
편을 의미합니다. 이는 x가 0일 때 y의 값이 1000이
라는 뜻이에요. 즉, x가 증가하기 전에도 y는 1000
에서 시작하고, 그 이후로 x가 1 증가할 때마다 y는
500씩 증가합니다.

Q: 함수 $y = ax + b$에 대해 예를 들어 설명해 주세요.

AI: 휴대폰 요금제를 생각해 볼 수 있습니다. 기본 요금
이 1,000원이고, 데이터를 1GB 사용할 때마다 500
원이 추가된다고 가정해 봅시다. 이 경우, $y = 500x$
$+ 1000$에서 x는 사용한 데이터(GB), y는 총 요금을
의미합니다.

· 데이터를 사용하지 않았을 때($x = 0$), 기본 요금은 1,000원입니다.

· 데이터를 1GB 사용하면($x = 1$), 요금은 1,500원 (1000 + 500)입니다.

· 데이터를 2GB 사용하면($x = 2$), 요금은 2,000원 (1000 + 2 × 500)입니다.

여기서 **1000**은 기본 요금으로, 데이터를 사용하지 않아도 내야 하는 요금을 의미합니다.

3. 문제 분해와 1차 함수 응용 학습

선생님이 문제 분해를 칠판에 적으며 말했다.

"복잡해 보이는 문제도 작은 단위로 분해하면 훨씬 쉽게 해결할 수 있단다."

케이가 손을 들고 물었다.

"문제 분해가 무슨 뜻인가요?"

선생님은 비례 관계와 함수를 활용해 문제를 작게 나누는 예를 보여 주었다.

"자, 귤 두 개의 가격이 1,000원일 때, 귤 5개의 가격은 얼마가 될까?"

제이는 잠시 생각하더니 답했다.

"귤 한 개의 가격이 500원이니까, $y = 500 \times 5$로 5개의 가격을 구할 수 있어요. 그러면 총 2,500원이 되네요."

선생님은 제이의 답을 확인하며 미소 지었다.

"맞아! 이렇게 문제를 작은 단계로 나누어 해결하면 복잡한 문제도 쉽게 풀 수 있지. 이게 바로 문제 분해의 좋은 예시인 셈이야."

이어 선생님은 또 다른 예제를 제시했다.

"카드 30장이 있어. 바닥에 6장을 깐 후 나머지를 3명에게 나눈다면, 각 사람이 몇 장씩 받게 될까?"

케이는 잠시 생각한 후 대답했다.

"먼저 바닥에 6장을 깔았으니, 남은 카드는 30 - 6 = 24장이에요. 이 24장을 3명에게 나누면 24 ÷ 3 = 8, 그러니까 각 사람이 8장씩 받을 수 있어요."

선생님은 고개를 끄덕이며 덧붙였다.

"이렇게 단계별로 문제를 나눠 해결하면 더 복잡한 문제도 쉽게 풀 수 있단다. 문제를 쪼개서 해결하는 능력은 수학뿐만 아니라 여러 분야에서도 중요한 기술이지."

제이와 케이는 '문제 분해'에 대해 궁금한 점을 알파에게 질문했다.

Q: 케이는 우유가 들어 있는 큰 병을 사 왔습니다. 이 병에 우유가 1,200mL 들어 있는데, 케이와 친구 세 명이 함께 마실 예정입니다. 우유를 150mL씩 따라 주고 나서, 남은 양을 3명에게 똑같이 나눠 주려고 합니다. 한 명당 몇 mL의 우유를 더 받을 수 있을까요? 문제 분해를 사용해 풀이해 주세요.

AI: 문제 분해

각 친구에게 150mL씩 따라 주고 남은 우유의 양을 계산한 후 3으로 나눕니다.

1. 단계별 계산

· 150mL씩 따라주면 총 3 x 150 = 450mL가 사용됩니다.

· 남은 우유는 1200 − 450 = 750mL입니다.

· 이 750mL를 세 명에게 나누면, 750 ÷ 3 = 250이 되므로, 각 친구가 250mL씩 더 받을 수 있습니다.

답: 각 친구는 250mL의 우유를 더 받을 수 있습니다.

4. 패턴 인식과 문제 분해를 통한 문제 해결

"이제 패턴 인식에 대해 배워 보자. 패턴을 잘 파악하면 복잡한 문제도 더 쉽게 해결할 수 있단다. 패턴은 무엇일까?"

제이가 손을 들고 물었다.

"x와 y의 관계를 파악하는 거 아닌가요?"

선생님이 고개를 끄덕였다.

"맞아, 제이! 예를 들어, 우리가 배운 함수 $y = 500x + 1000$ 에서, x가 1씩 증가할 때 y가 500씩 증가한다는 걸 알겠지? 이것이 바로 패턴 인식이란다."

선생님은 칠판에 $y = 500x + 1000$이라는 식을 적으며 설명했다.

"x가 1일 때는 $y = 500 + 1000$이므로 y는 1500, x가 2일 때

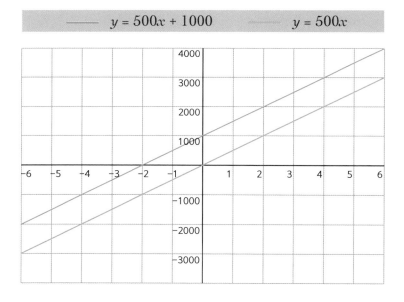

는 $y = 500 \times 2 + 1000$이므로 y는 2000이 되지."

케이는 고개를 끄덕이며 말했다.

"패턴을 통해서 y가 어떻게 변하는지 쉽게 알 수 있네요!"

"맞아. 이렇게 패턴을 잘 인식하면, 문제를 단계적으로 해결할 수 있는 기반이 되지. 이제 문제 분해에 대해 배워 볼까?"

선생님은 새로운 문제를 칠판에 적었다.

"$y = 500x + 1000$에서 x가 2일 때, y는 얼마일까? 이 문제를 한 번 문제 분해로 해결해 보자."

제이가 손을 들며 말했다.

"먼저, x에 따른 변화를 계산해야겠죠? x가 2일 때, y는 500×2니까…… 1000에 1000을 더해서 2000이 되네요!"

"정확해, 제이!"

선생님이 칠판에 과정을 적으며 설명했다.

"이렇게 먼저 x에 따른 y의 변화를 구하고, 그다음에 b, 즉 1000이라는 고정된 값을 더하는 거야."

케이가 이해한 듯 고개를 끄덕였다.

"그럼 b는 항상 더해지는 값이니까 문제의 시작점에서 쉽게 파악할 수 있네요."

선생님이 미소를 지으며 말했다.

"이렇게 문제를 작은 단계로 나누어서 해결하는 것이 바로 문제 분해란다. 복잡한 문제도 한 단계씩 해결하면 훨씬 쉽게 접근할 수 있어."

제이가 고개를 끄덕이며 덧붙였다.

"패턴을 인식하고 문제를 나누어 생각하니까 훨씬 간단하게 느껴져요!"

제이와 케이는 '패턴 인식과 문제 분해'에 대해 궁금한 점을 알파에게 질문했다.

Q: 케이는 하루 3시간 동안 수학과 영어를 공부하고자 합니다. 수학을 공부하는 시간은 영어의 2배로 할 계획입니다. 이때 수학과 영어를 각각 몇 시간 공부해야 할까요? 패턴 인식과 문제 분해를 사용해 풀이해 주세요.

AI:

1. 문제 분해

전체 공부 시간이 3시간이므로, 수학과 영어 시간을 구하는 문제로 분해할 수 있습니다. '수학 공부 시간 = 영어 공부 시간의 2배'라는 조건을 활용합니다.

2. 패턴 인식

영어 공부 시간을 x라고 할 때, 수학 공부 시간은 $2x$가 됩니다. 따라서 전체 공부 시간은 $x + 2x = 3$시간이라는 패턴을 따릅니다.

3. 문제 해결

· $x + 2x = 3$시간을 정리하면 $3x = 3$이므로 $x = 1$(시간)입니다.

· 따라서, 수학은 2시간, 영어는 1시간 공부하면 됩니다.

답: 케이는 수학을 2시간, 영어를 1시간 공부하면 됩니다.

5. 수업 마무리

제이와 케이는 수학 수업을 마치며 배운 내용을 선생님과 함께 정리했다.

"자, 비와 비례 개념을 활용해 어떻게 함수로 확장했는지 정리해 볼까? 비례 관계를 이해하면서 더 복잡한 수학 개념으로 자연스럽게 나아갈 수 있었지? 그 과정에서 스스로 질문을 던지고, 문제를 분해하고, 패턴을 인식하는 방법을 차례로 배우게 되었어."

"이번 시간에 배운 건 단순히 문제를 푸는 방법이 아니야. 자기주도 학습을 통해 개념을 확장하고 적용할 수 있는 능력을 키운 거란다."

제이와 케이는 오늘 수업을 통해 더 어려운 수학 개념에도 도전할 자신감을 갖게 되었다.

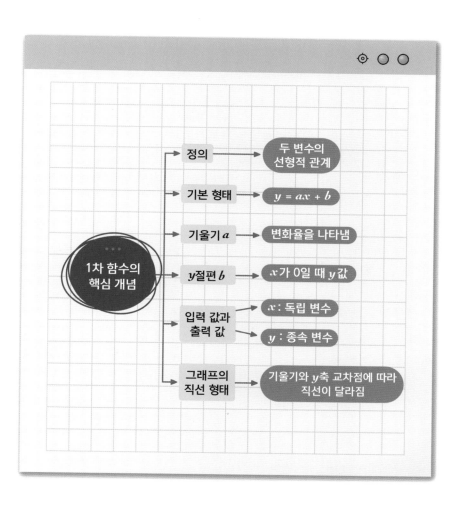

Bloom의 수정된 인지 이론을 바탕으로 한 질문 구성입니다. 이 질문들은 학생들이 1차 함수의 개념과 내용을 이해하고 분석하며, 자신의 관점에서 1차 함수의 원리와 활용을 평가하고 새로운 아이디어를 창출하도록 돕기 위한 것입니다.

1. 기억하기 (Remembering)

· 1차 함수의 기본 형태는 무엇인가요?

  $y = ax + b$에서 a와 b는 각각 무엇을 의미하나요?

· 1차 함수의 그래프가 직선이 되는 이유는 무엇인가요?

· 비례 관계와 함수의 차이점은 무엇인가요?

2. 이해하기 (Understanding)

· $y = ax + b$에서 x와 y의 값이 어떻게 변화하는지 설명해 주세요.

· 1차 함수의 그래프가 어떻게 그려지는지 설명해 줄 수 있나요?

· 1차 함수의 변화율이 무엇을 의미하는지 설명해 주세요. 이 변화율

을 그래프에서 어떻게 확인할 수 있나요?

3. 적용하기 (Applying)

· x가 2 증가할 때 y가 어떻게 변하는지 계산해 주세요. 예를 들어,

$y = 3x + 2$의 경우 x가 1에서 3으로 증가하면 y는 얼마인가요?

· 일상생활에서 볼 수 있는 1차 함수의 예를 들어 보세요. 예를 들어,

택시 요금을 구할 때의 상황을 함수로 표현해 보세요.

· $y = 4x - 3$을 그래프로 표현하고, x가 0에서 5까지 증가할 때 y

의 값을 계산해 보세요.

4. 분석하기 (Analyzing)

· $y = 2x + 5$와 $y = -x + 3$의 그래프를 비교해 보세요. 그래프의 기

울기와 y절편이 각각 어떻게 다르고, 이러한 차이가 그래프에 어떤

영향을 미치는지 설명해 주세요.

· 1차 함수의 그래프가 직선인 이유를 데이터 변화를 바탕으로 설명해 주세요.

· 기울기(a)와 y절편(b)의 값이 각각 양수, 음수일 때 그래프가 어떻게 달라지는지 비교해 보세요.

5. 평가하기 (Evaluating)

· 1차 함수 $y = 3x + 2$와 $y = 3x - 4$를 비교하고, 이 두 함수의 그래프에서 차이점을 평가해 보세요.

· 여러 1차 함수가 교차하는 점을 기준으로 x와 y의 관계가 어떻게 달라지는지 설명해 보세요.

· 비례 관계와 y절편이 있는 1차 함수를 비교해, 언제 각각의 관계가 더 유용한지 평가해 보세요.

6. 창조하기 (Creating)

- 일상생활을 바탕으로 직접 1차 함수를 만들어 보세요. 예를 들어, 하루에 물을 2L씩 마신다면, 일주일 동안 마시는 총 물의 양을 함수로 표현해 보세요.
- 기울기와 y절편이 주어진 상황에서 필요할 때마다 새로운 1차 함수를 만들어, 문제 상황에 맞게 조정해 보세요.
- x와 y값이 시간에 따라 달라지는 실생활 예시를 찾아, 이를 함수로 정의하고 그래프로 표현해 보세요.

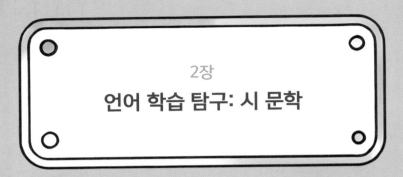

2장

언어 학습 탐구: 시 문학

선생님이 질문으로 시 문학 수업을 시작했다.

"문학과 비문학의 차이는 무엇일까?"

선생님이 교실을 둘러보며 물었다. 케이는 고개를 갸웃거리며 대답했다.

"문학은 이야기나 감정을 담은 글 아닌가요?"

선생님이 미소 지으며 설명했다.

"맞아, 케이! 문학은 감정과 생각을 예술적으로 표현하는 글이란다. 여기에는 시, 소설, 수필 등이 포함되지. 문학은 독자의 마음에 감정을 불어넣고, 상상력을 자극하는 힘을 가지고 있어."

그때 제이가 손을 들며 질문했다.

"그럼 비문학은 정보를 전달하려고 쓰인 건가요?"

"그렇지, 제이. 비문학은 주로 사실과 정보를 전달하는 데 초점이 맞춰져 있어. 교과서나 뉴스 기사, 논설문 같은 글이 비문학에 속한단다. 비문학은 논리적 구조로 독자에게 정보를 제공해 주지."

케이가 또 질문을 던졌다.

“그렇다면 시는 다른 문학 형식들과 어떻게 다른가요?”

“시는 문학의 한 장르로, 감정과 생각을 짧고 압축된 언어로 표현해. 한 편의 시 안에 저자가 느끼는 감정이나 그 순간의 분위기를 담아내지. 그렇기 때문에 시를 읽을 때는 단어 하나하나에 담긴 감정과 의미를 깊이 있게 느끼는 것이 중요해.”

제이는 고개를 끄덕이며 말했다.

“시를 읽는 것은 단순히 읽는 걸 넘어, 그 안에 담긴 감정을 상상하고 해석하는 거군요.”

선생님은 고개를 끄덕이며 더 설명했다.

“시는 말 그대로 ‘감정의 언어’라고 할 수 있어. 짧은 글 속에 우리 마음에 깊이 와닿는 표현들이 담겨 있지. 그래서 아주 짧은 구절이라도 독자의 마음에 강렬한 인상을 남길 수 있단다. 이제 우리가 다양한 시를 읽으며 각 시가 표현하고자 하는 감정을 함께 느끼고 해석해 볼 거야.”

1. 시는 감정과 생각을 표현하는 특별한 방법

선생님은 제이와 케이에게 미소를 지으며 말했다.

"시는 다른 문학 장르와 어떻게 다를까?"

케이가 손을 들어 말했다.

"시가 감정을 더 강하게 표현하는 것 같아요."

선생님이 고개를 끄덕이며 답했다.

"맞아, 시는 감정과 주제를 압축적이고 감각적으로 전달하는 게 특징이지. 그래서 읽을 때 그 감정을 더 깊이 느낄 수 있단다."

제이가 궁금해하며 물었다.

"어떻게 감정을 강하게 전달하나요?"

선생님은 예시를 들며 설명했다.

"시에서는 비유나 상징을 사용해 감정을 더 생생하게 표현해. 예를 들어, '나는 슬프다' 대신 '슬픔이 나를 감싸 안는다'고 하면 감정이 더 강렬하게 전달되지."

케이가 고개를 끄덕였다.

"이런 비유와 상징을 이해하면 시 속 감정을 더 잘 느낄 수 있겠네요."

제이와 케이는 '시에서 감정과 주제를 전달하는 방법'에 대해 궁금한 점을 알파에게 질문했다.

Q: 시에서 감정이나 주제를 전달하는 방법은 무엇인가요?

AI: 시에서 감정이나 주제를 전달하는 대표적인 방법은 비유와 상징, 이미지 사용, 그리고 리듬과 음율입니다. 비유와 상징을 통해 감정과 생각을 간접적으로 표현하고, 이미지는 구체적인 장면을 통해 독자가 감정을 느끼도록 도와줍니다. 또한, 리듬과 반복되는 음율은 감정적 효과를 강화해 시의 주제를 강조합니다.

Q: 비유를 예를 들어 설명해 주세요.

AI: 비유는 시에서 감정이나 주제를 간접적으로 표현하는 강력한 방법입니다. 예를 들어 '사랑은 꽃이다'라

는 은유를 사용하면, 사랑이 꽃처럼 아름답고 섬세하
지만 시들 수 있다는 점을 암시합니다. 이처럼 비유는
독자가 감정이나 주제를 더 쉽게 이해하고 공감할 수
있도록 돕습니다.

시 문학의 핵심 요소

2. 〈진달래꽃〉 분석: 감정과 주제의 이해

"이번 시간에는 〈진달래꽃〉을 통해 이별과 슬픔이 어떻게 표현되는지 살펴보자."

진달래꽃

김소월

나 보기가 역겨워
가실 때에는
말없이 고이 보내 드리우리다

영변(寧邊)에 약산(藥山)
진달래꽃
아름따다 가실 길에 뿌리우리다

가시는 걸음걸음
놓인 그 꽃을
사뿐히 즈려밟고 가시옵소서

나 보기가 역겨워

가실 때에는

죽어도 아니 눈물 흘리우리다

"〈진달래꽃〉이 이별에 관한 시인가요?"

케이의 질문에 선생님은 고개를 끄덕였다.

"맞아. 이 시는 떠나는 사람을 조용히 보내려는 화자의 결심과 슬픔을 표현하고 있어."

제이가 시 구절을 읽으며 말했다.

"'나 보기가 역겨워 / 가실 때에는 / 말없이 고이 보내 드리우리다'는 떠나는 이를 잡지 않고 조용히 보내겠다는 뜻이죠?"

"맞아."

선생님이 답했다.

"이별의 아픔을 참으며 슬픔을 차분하게 받아들이는 모습이지."

케이가 물었다.

"그럼 진달래꽃은 슬픔을 상징하나요?"

선생님은 진달래꽃이 이별을 상징한다고 설명했다.

"화자는 떠나는 사람을 위해 꽃을 뿌리겠다고 하면서, 이별을 아름답게 받아들이려는 마음을 표현하고 있어."

제이는 시의 마지막을 언급하며 말했다.

"'죽어도 아니 눈물 흘리우리다'에서 화자가 슬픔을 참으려는 걸 느낄 수 있어요."

선생님은 고개를 끄덕였다.

"정확해. 이 시는 이별의 슬픔과 희생적 배려를 주제로, 화자의 깊은 슬픔을 담담하게 보여 준단다."

제이와 케이는 〈진달래꽃〉에 대해 궁금한 점을 알파에게 질문했다.

Q: 이 시에서 슬픔은 어떻게 표현되었나요?

AI: 화자의 희생적이고 절제된 태도를 통해 표현됩니다. 화자는 사랑하는 사람이 떠나도 눈물을 보이지 않고, 진달래꽃을 길에 뿌리겠다는 결심을 보여 줍니다. 특히 '죽어도 아니 눈물 흘리우리다'라는 구절은 화자의 깊은 슬픔을 드러내면서도 그 슬픔을 감추려는 절제된 태도를 담고 있습니다. 이렇게 화자는 자신의 아픔을 숨기고, 떠나는 이를 배려하는 방식으로 슬픔을 표현합니다.

Q: 이 시의 주제는 무엇인가요?

AI: 이별의 슬픔과 사랑하는 이를 떠나보내는 희생적인 마음입니다.

Q: 주제를 나타내는 핵심 시어를 알려 주세요.

AI: '가실 때', '진달래꽃', '사뿐히 즈려밟고', '눈물 흘리우리다'입니다. 이 단어들은 이별의 상황과 슬픔, 화자의 희생적인 마음을 상징적으로 표현합니다.

3. 비유와 상징

"이제 시에 담긴 비유와 상징을 살펴보자. 시를 제대로 이해하려면 이런 문학적 기법을 아는 게 중요해."

케이가 손을 들고 물었다.

"선생님, 비유가 뭐예요?"

선생님은 미소를 지으며 설명했다.

"비유 는 대상을 다른 것에 빗대어 표현하는 방법이야. 여기서 진달래꽃은 단순한 꽃이 아니라, 이별의 순간을 감정적으로 표현하는 도구로 쓰였어."

제이가 이해한 듯 말했다.

이미지는 시 속 비유와 상징의 역할을 시각적으로 표현한다.

"그럼 진달래꽃이 이별을 상징하는 거군요?"

"맞아, 제이. 이 시에서 진달래꽃은 이별과 그 안에 담긴 감정을 표현하고 있지."

선생님은 칠판에 한 구절을 적으며 덧붙였다.

"'가시는 걸음걸음 / 놓인 그 꽃을 / 사뿐히 즈려밟고 가시옵소서'는 표현은 이별의 순간을 상징적으로 나타내고 있어."

케이가 다시 질문했다.

"그럼 이게 비유로 쓰인 건가요?"

"그래, 시인은 진달래꽃을 통해 이별의 슬픔을 표현한 거야. 떠나는 이를 위해 진달래꽃을 밟고 가라고 한 건 화자가 이별을 받아들이는 마음을 상징적으로 보여 주는 거지."

케이가 고개를 끄덕이며 말했다.

"진달래꽃이 이별의 고통을 상징하는 역할을 하는 거네요."

선생님은 미소를 지었다.

"그래, 이 시에서 진달래꽃은 화자의 슬픔과 이별을 상징하는 중요한 요소야."

제이와 케이는 '진달래꽃의 비유와 상징'에 대해 궁금한 점을 알파에게 질문했다.

Alpha

Q: 이 시에서 진달래꽃은 무엇을 상징하나요?

AI: 이 시에서 진달래꽃은 화자의 사랑과 희생을 상징합니다. 떠나는 길에 꽃을 뿌리는 행위는 사랑하는 이를 위해 자신의 슬픔을 감추고 배려하는 마음을 나타냅니다.

Q: 진달래꽃이 화자의 사랑과 희생을 상징한다는 단서가 되는 시어를 알려 주세요.

AI:

· '아름 따다 가실 길에 뿌리우리다': 화자가 진달래꽃을 따서 떠나는 이의 길에 뿌리겠다는 표현은 사랑하는 이를 위해 자신의 슬픔을 감추고 배려하는 희생적 마음을 담고 있습니다.

· '사뿐히 즈려밟고 가시옵소서': 떠나는 이에게 꽃을 밟고 가라는 표현 역시, 화자가 자신의 슬픔을 억누르며 떠나는 이를 배려하는 마음을 상징합니다.

4. 리듬과 반복

"시에서 리듬과 운율은 감정을 강조하는 중요한 요소란다. 특히 〈진달래꽃〉에서는 반복되는 구절이 감정의 흐름을 더 강화하지."

제이가 손을 들고 물었다.

"리듬이 감정을 더 강하게 전달하나요?"

선생님은 고개를 끄덕이며 답했다.

"그래, 제이. 리듬은 시의 감정적 긴장을 더해 줘. 예를 들어, '-우리다'라는 구절이 반복되면서 슬픔을 담담하게 표현하지."

케이가 말했다.

"반복되니까 더 슬프고, 슬픔을 억누르는 느낌도 드는 것 같아요. 리듬이 차분한데, 슬픈 감정을 더 강조해 주는 것 같기도 하고요."

"정확해! 반복과 운율이 화자의 결연한 마음과 억제된 슬픔을 전달하는 데 중요한 장치란다."

제이와 케이는 '시에서 리듬과 반복의 중요성'에 대해 궁금한 점을 알파에게 질문했다.

Q: 이 시에서 리듬이 감정에 어떻게 영향을 미치나요?

AI: 이 시의 부드럽고 반복적인 리듬은 화자의 절제된 슬픔과 차분한 감정을 강조합니다. 리듬이 일정하게 이어지면서, 화자가 이별의 슬픔을 담담하게 받아들이고, 감정을 억누르려는 태도가 더욱 두드러지게 표현됩니다.

5. 감정과 주제를 다른 시와 연결하기

"이별과 슬픔은 문학에서 자주 다뤄지는 주제란다. 이제 〈진달래꽃〉과 비슷한 주제를 가진 다른 시를 비교해 볼 거야."

케이가 호기심 가득한 표정으로 물었다.

"어떤 시인가요?"

선생님은 미소 지으며 답했다.

"한용운의 〈님의 침묵〉이야. 두 시 모두 이별의 고통을 담담하게 표현하면서 인내와 수용의 마음을 보여 준단다."

제이가 〈님의 침묵〉을 검색해 읽으며 말했다.

"〈님의 침묵〉에서도 떠나는 사람을 말없이 받아들이는 부분이 있나요?"

선생님은 고개를 끄덕이며 설명했다.

"그래. 〈님의 침묵〉도 이별을 말없이 받아들이는 태도를 통해 슬픔을 표현하고 있어. 두 시의 화자는 모두 이별을 수용하며 내면화하고 있단다."

케이가 다시 물었다.

"두 시에서 슬픔을 표현하는 방식이 같나요?"

선생님은 칠판에 두 시를 적으며 말했다.

"비유와 상징은 같지만, 표현 방식엔 차이가 있단다. 〈진달래꽃〉은 진달래꽃을 뿌리며 희생과 배려를 강조하고, 〈님의 침묵〉은 침묵을 통해 이별을 표현하지."

제이가 고개를 끄덕이며 말했다.

"그러니까 〈진달래꽃〉은 '꽃'으로, 〈님의 침묵〉은 '침묵'으로 감정을 전달하는 거군요."

선생님이 만족한 듯 말했다.

"정확해, 제이! 이런 차이를 비교하며 문학적 연관성을 찾는
게 중요한 과정이야."

케이가 질문했다.

"다른 시에서도 비슷한 감정을 찾을 수 있나요?"

"물론이지, 케이. 문학에서는 이별, 슬픔, 희생 같은 감정이
다양한 시에서 반복된단다. 우리가 〈진달래꽃〉과 〈님의 침묵〉
을 비교한 것처럼 다른 시에서도 찾아볼 수 있어."

제이와 케이는 궁금한 점을 알파에게 질문했다.

Q: 김소월의 〈진달래꽃〉과 비슷한 감정을 다룬 다른 시를 찾고, 그 시와 비교해 보세요.

AI: '김소월의 〈진달래꽃〉'과 비슷한 감정을 다룬 시로는 이별의 슬픔을 표현한 '정지용의 〈유리창〉'을 들 수 있습니다.

〈유리창〉에서는 화자가 유리창을 사이에 둔 슬픔을 느끼며 이별의 고통을 더 직접적으로 드러냅니다. 고독과 상실의 감정이 강하게 표현됩니다.

6. 수업 마무리

수업을 마치며 제이와 케이는 〈진달래꽃〉에서 배운 내용을 정리했다. 선생님은 미소를 지으며 마무리했다.

"자, 이렇게 시가 감정과 주제를 어떻게 표현하는지 배웠어.

시는 단순한 정보 전달이 아니라 감정을 깊이 있게 담아내는 문학적 도구라는 것 잊지 말아라."

케이가 고개를 끄덕이며 말했다.

"맞아요. 〈진달래꽃〉에서 진달래꽃이 이별의 슬픔을 상징한다는 걸 배웠어요. 시인은 꽃을 통해 화자의 슬픔을 표현했죠."

선생님은 칠판에 핵심 개념을 정리하며 덧붙였다.

"이 시는 비유와 상징을 통해 이별의 감정을 깊이 있게 전달하고 있어. 이런 기법이 감정을 더 풍부하게 느끼도록 해 주지."

제이가 말했다.

"비유와 상징은 슬픔을 훨씬 더 강하게 느낄 수 있게 해 주는 것 같아요."

제이와 케이는 시가 감정을 깊이 있게 전달하는 도구라는 사실을 새롭게 깨달았다. 앞으로 다른 시에서도 이런 기법을 찾아 보겠다고 다짐했다.

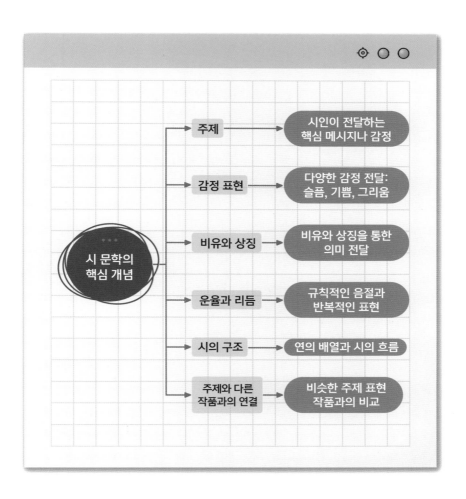

Bloom의 수정된 인지 이론을 바탕으로 한 질문 구성입니다. 이 질문들은 학생들이 시의 내용을 이해하고 분석하며, 자신의 관점에서 시의 주제와 감정을 평가하고 새로운 해석과 아이디어를 창출하도록 돕기 위한 것입니다.

1. 기억하기 (Remembering)

· 김소월의 〈진달래꽃〉에서 주요 감정은 무엇인가요?

· 〈진달래꽃〉시에서 반복되는 구절은 무엇인가요?

· 〈진달래꽃〉에서 '진달래꽃'이 상징하는 것은 무엇인가요?

2. 이해하기 (Understanding)

· 이 시에서 화자는 왜 떠나는 사람에게 진달래꽃을 뿌리며 보내려 하는 걸까요?

· 시의 반복적인 구절은 어떤 감정을 강조하는 역할을 하나요?

· 〈진달래꽃〉에서 화자의 태도가 어떻게 표현되었는지 설명해 주세요.

3. 적용하기 (Applying)

· 이별의 감정을 표현하는 다른 예를 들어보고, 〈진달래꽃〉의 감정 표현 방식과 비교해 보세요.

· 〈진달래꽃〉을 일상생활의 이별 경험과 연결 지어 설명해 주세요.

· 〈진달래꽃〉에서 사용된 상징을 활용해, 여러분이 느끼는 감정을 표현하는 짧은 시를 써 보세요.

4. 분석하기 (Analyzing)

· 〈진달래꽃〉에서 '나 보기가 역겨워 가실 때에는'이라는 구절이 반

복되는 이유는 무엇일까요?

· 이 시에서 '진달래꽃'이 이별의 슬픔을 어떻게 상징하고 있는지 설
명해 보세요.

· 〈진달래꽃〉과 다른 시에서 사용된 상징을 비교하고, 각 상징이 감
정을 어떻게 다르게 표현하는지 분석해 보세요.

5. 평가하기 (Evaluating)

· 김소월의 〈진달래꽃〉이 이별을 표현하는 방식이 효과적이라고 생
각하나요? 그 이유는 무엇인가요?

· 〈진달래꽃〉에서 화자가 보이는 감정 절제의 모습이 이별을 표현하
는 데 어떤 효과가 있는지 평가해 보세요.

· 〈진달래꽃〉의 감정 표현이 독자에게 주는 영향은 무엇인가요? 시
의 상징과 반복이 그 감정 표현에 효과적이었다고 생각하나요?

6. 창조하기 (Creating)

· 〈진달래꽃〉에서 보여 주는 감정을 다른 비유를 사용해 표현해 보세요.

· 이별을 주제로 한 자신만의 시를 짧게 써 보고, 〈진달래꽃〉에서 느낀 감정을 바탕으로 자신의 감정과 비교해 보세요.

· 이 시의 주제인 이별과 인내를 중심으로 다른 상징이나 상황을 활용해 새로운 시를 창작해 보세요.

3장

언어 학습 탐구: 비문학

제이와 케이는 비문학 텍스트 분석 수업을 위해 선생님과 함께 자리에 앉았다.

　　선생님이 교실을 둘러보며 질문을 던졌다.

　　"비문학 텍스트를 읽을 때 무엇이 가장 중요할까?"

　　케이가 곰곰이 생각하다 답했다.

　　"정보를 정확히 이해하는 게 중요한 것 같아요."

　　선생님이 고개를 끄덕이며 이어서 설명했다.

　　"맞아, 케이. 비문학 텍스트는 사실과 정보를 전달하는 글이지. 그래서 핵심 내용을 파악하고 논리적 흐름을 이해하는 것이 중요하단다. 이번 시간에는 〈도시의 녹색 전환〉이라는 기사를 함께 읽으며 비문학 텍스트 분석 방법을 배워 보자."

　　선생님은 대형 스크린을 켜고 〈도시의 녹색 전환: 지속 가능한 미래를 위한 우리의 역할〉이라는 제목의 칼럼을 화면에 띄웠다.

　　제이와 케이는 화면에 집중하며 읽기 시작했다.

도시의 녹색 전환: 지속 가능한 미래를 위한 우리의 역할

우리가 살고 있는 도시들은 계속해서 변화하고 있습니다. 공기 질 개선, 교통 수단의 발전, 그리고 인구 밀도는 우리가 직면한 중요한 이슈들입니다. 이

러한 도전에 맞서기 위해, 많은 도시들이 지속 가능한 미래를 위한 '녹색 전환'을 추진하고 있습니다.

도시의 녹색 전환은 환경친화적인 건축물을 짓는 것을 넘어서, 도시의 모든 영역에서 지속 가능한 발전을 추구하는 것을 목표로 합니다. 예를 들어, 대중교통 시스템의 개선 및 확장은 자가용 사용을 줄여 대기 오염 감소에 기여할 수 있습니다. 또한 공원과 녹지 공간의 확대는 도시의 생태계를 보호하고 시민들이 자연과 가까워질 수 있는 기회를 제공합니다.

개인으로서 도시의 녹색 전환에 기여하는 방법은 다양합니다. 대중교통 이용하기, 자전거 타기, 재활용에 적극 참여하기, 지역 사회의 녹색 프로젝트에 관심 가지기 등 작은 실천들이 모여 큰 변화를 이끌 수 있습니다.

선생님이 칼럼을 읽은 뒤 학생들에게 질문을 던졌다.

"제이, 이 글의 제목을 보고 말하고자 하는 내용을 한 번 생각해 볼까?"

제이가 잠시 고민하다 물었다.

"선생님, 녹색 전환이 구체적으로 뭘 뜻하죠?"

선생님은 미소를 지으며 답했다.

"좋은 질문이구나, 제이. 녹색 전환은 단순히 친환경 건물이나 공원을 많이 만드는 것을 넘어, 도시 전체가 환경을 생각하며 지속 가능한 방향으로 발전해 나가는 것을 의미한단다."

케이가 손을 들며 물었다.

"그럼 우리도 일상에서 녹색 전환에 기여할 수 있나요?"

선생님이 고개를 끄덕이며 말했다.

"그럼. 대중교통 이용하기, 자전거 타기, 재활용, 지역의 녹색 프로젝트에 참여하는 등의 작은 실천들이 모두 녹색 전환에 중요한 역할을 한단다."

1. 비문학 텍스트의 기본 구조 이해

"이제 비문학 텍스트의 기본 구조를 알아보자."

선생님이 칠판에 내용을 적으며 설명을 시작했다.

"비문학 텍스트는 보통 서론, 본론, 결론으로 구성된단다. 서론은 주제를 소개하고, 본론은 그 주제에 대한 구체적인 주장이나 근거를 제시하며, 결론에서는 글을 마무리하지."

선생님이 말을 이어나갔다.

"대부분의 비문학 텍스트는 문제 제시 → 해결책 → 결론의 흐름을 따르는데, 이렇게 논리적으로 이어지면 독자가 내용을 쉽게 이해할 수 있단다."

제이가 흥미롭게 물었다.

"이런 흐름으로 쓰인 글은 이해하기도 쉽겠어요."

선생님이 고개를 끄덕였다.

"맞아, 제이. 문제 제시, 해결책, 결론의 구조는 독자가 편하게 읽을 수 있게 해 주지.

케이가 다시 물었다.

"이 칼럼도 같은 구조가 쓰였나요?"

"그래. 도시의 문제를 제시한 후 녹색 전환의 중요성을 설명하고, 마지막 결론에서는 개인이 어떻게 기여할 수 있는지 제안하고 있어."

제이가 물었다.

"선생님, 이 칼럼에서 주제와 논거, 결론이 어떻게 연결되나요?"

선생님이 대답했다.

"이 칼럼은 도시 환경 문제를 주제로, 녹색 전환의 필요성을 논거로 제시하고 있어."

케이가 고개를 끄덕였다.

"문제를 제시하고 해결책을 설명한 뒤, 결론에서 개인의 역할을 강조하는 거네요!"

선생님이 미소 지으며 말했다.

"정확해! 이렇게 구조를 이해하면 비문학 텍스트 분석이 쉬워지지."

제이와 케이는 '비문학 텍스트의 주제, 논거, 결론'에 대해 궁금한 점을 알파에게 질문했다.

Q: 이 칼럼에서 주제와 논거, 결론이 어떻게 연결되나요?

AI: 이 칼럼은 도시의 환경 문제를 주제로 삼고 있으며, 이 문제를 해결하기 위해 녹색 전환이 필요하다는 논거를 제시합니다. 결론에서는 개인이 대중교통 이용, 재활용 참여 등의 작은 실천을 통해 이러한 녹색 전환에 기여할 수 있다는 점을 강조합니다.

Q: 주제와 논거의 차이는 무엇이며, 비문학 텍스트에서 이 둘이 어떻게 연결되나요?

AI: 주제와 논거는 비문학 텍스트에서 중요한 역할을 합니다. 주제는 텍스트가 다루고자 하는 핵심 아이디어나 큰 틀의 문제입니다. 주제는 글 전체에서 중심이 되는 개념으로, 독자가 글의 목적이나 의도를 파악할 수 있도록 안내하죠.

반면, 논거는 이 주제를 뒷받침하기 위해 제시되는 근거와 논리입니다. 논거는 주제를 설명하거나 주장하기 위해 구체적인 사실, 통계, 예시 등을 통해 독자에게 주제를 설득력 있게 전달하는 역할을 합니다.

비문학 텍스트에서 주제와 논거는 다음과 같이 연결됩니다.

1. 주제: 서론에서 주제를 명확히 소개해 독자가 글의 중심을 이해하도록 합니다.
2. 논거: 본론에서는 이 주제를 뒷받침하는 여러 논거를 통해 독자가 주제에 대한 타당성을 느끼도록 설득합니다.
3. 결론 강화: 결론에서는 주제를 다시 강조하며, 논거를 종합해 글의 목적을 명확히 전달합니다.

2. 비문학 텍스트의 논리적 흐름 분석

"비문학은 문학과 달리 주로 정보를 전달하고 논리적 흐름을 강조하는 글이야. 〈도시의 녹색 전환〉 칼럼도 비문학 텍스트로, 지속 가능한 발전에 관한 사실과 논리를 중심으로 이야기를 풀어나가고 있지."

제이가 물었다.

"그럼 이 칼럼에서 다루는 개념은 뭐예요?"

선생님이 칠판에 요약하며 말했다.

"도시의 변화와 지속 가능성을 위해 우리가 할 수 있는 역할을 다루고 있어. 대중교통 개선이나 녹지 공간 확대가 어떻게 기여하는지 설명하지."

케이가 다시 물었다.

"이 글의 논리적 흐름은 어떻게 되나요?"

선생님은 칠판에 글의 구조를 그려가며 말했다.

"문제를 제시한 뒤 해결책을 설명하는 방식이야. 공기 질 문제를 언급한 후 녹색 전환을 해결책으로 제시하지."

제이가 손을 들었다.

"이 칼럼의 핵심 개념은 뭐예요?"

선생님이 답했다.

"지속 가능한 미래를 위해 도시가 녹색 전환을 해야 하고, 개인의 작은 실천도 큰 변화를 만들 수 있다는 거야."

선생님은 미소 지으며 말했다.

"논리적 흐름과 핵심 개념을 파악하는 게 비문학 텍스트 분석의 핵심이야. 이렇게 분석하면 비문학 텍스트를 더 깊이 이해할 수 있지."

제이와 케이는 '논리적 흐름과 핵심 개념'에 대해 궁금한 점을 알파에게 질문했다.

Q: 이 칼럼에서 제시된 논리적 흐름은 무엇인가요?

AI: 이 칼럼은 먼저 도시가 직면한 공기 질과 교통 문제 같은 주요 이슈를 설명합니다. 그다음, 이러한 문제를 해결하기 위한 방법으로 '지속 가능한 녹색 전환'이 필요하다는 해결책을 제시하고, 마지막으로 독자들이 개인적으로 실천할 수 있는 다양한 행동들을 안내합니다.

Q: 칼럼의 주제는 무엇인가요?

AI: 이 칼럼의 주제는 지속 가능한 미래를 위해 도시가 환경친화적으로 변화하는 녹색 전환이 필요하다는 것입니다.

Q: 논리적 흐름의 종류를 알려 주세요.

AI: 다양한 논리적 흐름이 있습니다.

1. 원인-결과 구조: 현상의 원인을 설명하고, 그로 인한 결과를 다루는 방식이에요. 예를 들어, 대기 오염의 원인으로 공장 배출가스를 언급하고, 결과로 환경 악화와 건강 문제를 설명할 수 있죠.

2. 비교-대조 구조: 두 가지 개념을 비교해 차이점을 설명하는 방식입니다. 예를 들어, 전통 에너지와 재생 에너지를 비교해 환경에 미치는 영향을 논의할 수 있어요.

3. 문제-해결-효과 구조: 문제를 제시하고 해결책과 그 효과를 설명하는 구조예요. 예를 들어, 교통 혼잡 문제를 해결하기 위해 대중교통 확대를 제안하고, 효과로 시민 편의 증진을 예측할 수 있죠.

4. 시간 순서 구조: 사건이나 변화를 시간 순서대로 설명하는 방식입니다. 예를 들어, 도시의 환경 정책 변화 과정을 연도별로 나열할 수 있어요.

3. 개념 간 관계 분석

"이번에는 텍스트에서 주요 개념을 정의하고, 그 개념들이 어떻게 연결되는지 살펴보자."

선생님이 주요 개념들을 칠판에 적으며 말했다.

"주요 개념을 정의한다는 건 무슨 뜻인가요?"

케이가 물었다.

"좋은 질문이야, 케이. 개념 정의는 텍스트에서 중요한 아이디어의 의미를 정확히 파악하는 거야. 예를 들어, 〈도시의 녹색 전환〉은 도시가 환경친화적으로 변화하는 걸 뜻해."

제이가 말했다.

"그럼 '녹색 전환'이 중요한 개념이군요."

"맞아, 제이! 이제 녹색 전환이 다른 개념들과 어떻게 연결되는지 보자."

선생님은 설명을 이어갔다.

"녹색 전환과 대중교통 개선은 밀접하게 연결돼 있어. 대중교통을 개선하면 사람들이 자가용 대신 대중교통을 이용하게 되니까 도시 환경에 긍정적인 영향을 끼치지."

케이가 이해한 듯 말했다.

"녹색 전환의 일환인 대중교통 개선이 함께 환경 보호에 기여하는 거네요?"

"정확해, 케이! 이렇게 주요 개념들 간의 관계를 파악하는 게 중요해."

제이가 물었다.

대중교통 개선, 녹지 확장, 개인 행동의 참여를 통해 지속 가능한 미래를 구축할 수 있다.

"그럼 개인의 실천도 도시 발전과 연결될 수 있나요?"

선생님이 대답했다.

"맞아, 제이. 개인의 실천은 도시의 녹색 전환에 중요한 역할을 해. 예를 들어, 재활용 하기와 대중교통 이용하기는 도시의 지속 가능성에 기여하지."

케이가 고개를 끄덕이며 말했다.

"작은 실천들이 도시 전체에 큰 영향을 줄 수 있겠네요!"

제이와 케이는 '개념 간 관계 분석'에 대해 궁금한 점을 알파에게 질문했다.

Q: 도시의 녹색 전환과 대중교통 개선은 어떻게 연결되나요?

AI: 도시의 녹색 전환과 대중교통 개선은 밀접하게 연결됩니다. 대중교통이 개선되면 사람들이 자가용 대신 대중교통을 이용하게 되어, 이는 도시의 대기 오염 감소와 같은 환경 보호 효과를 가져옵니다. 따라서 대중교통 개선은 도시의 지속 가능한 발전에 중요한 요소로 작용하며, 녹색 전환의 일환으로 평가됩니다.

Q: 개인의 실천과 도시 발전 사이의 관계는 무엇인가요?

AI: 개인의 실천은 도시의 녹색 전환에 직접적으로 기여합니다. 예를 들어, 개인이 대중교통을 이용하거나 재활용을 생활화하면 환경 보호에 도움이 되고, 이로 인해 도시 전체가 더 지속 가능한 방향으로 발전할 수 있습니다.

Q: 개념 간 관계를 쉽게 파악하는 방법이 있을까요?

AI: 개념 간 관계를 쉽게 파악하려면 먼저 텍스트에서 주요 개념을 찾아 정의하고, 각 개념이 어떤 역할을 하는지 생각해 보세요. 그런 다음, 개념들이 '원인과 결과', '상호작용', '유사성과 차이점' 등의 관계로 연결되는지 확인해 보는 겁니다. 이를 시각화하기 위해 개념 맵을 사용하면 더 효과적일 수 있어요.

4. 과거와 현재의 변화 분석

"비문학 텍스트에서 과거와 현재의 변화를 비교하는 것은 중요한 과정이야. 칼럼을 바탕으로 이 변화를 살펴보자."

선생님이 칠판에 글을 적으며 말했다.

케이가 물었다.

"왜 과거와 현재를 비교하나요?"

선생님이 대답했다.

"과거와 현재를 비교하면 어떤 변화가 일어났고, 텍스트의 주제와 어떻게 연결되는지 이해할 수 있어. 이 칼럼에서는 대중교통 시스템의 개선이 환경 보호와 녹색 전환에 어떤 영향을 미쳤는지 살펴보면 되겠지?"

제이가 말했다.

"과거에는 대중교통이 제한적이어서 자가용 사용이 많았지만, 지금은 많은 사람들이 자가용 대신 대중교통을 이용하게 되었대요. 이는 대기 오염 감소와 녹색 전환에 중요한 역할을 하고 있다고 해요."

케이가 물었다.

"그럼 이 변화는 텍스트 주제와 어떻게 연결되나요?"

선생님이 답했다.

"도시가 지속 가능한 발전을 목표로 녹색 전환을 이루고 있다는 주제와 관련이 깊지. 대중교통의 개선이 그 과정에서 중요한 요소라는 걸 보여 줘."

제이가 물었다.

"선생님, 대중교통의 변화가 녹색 전환에 어떻게 기여했나요?"

선생님이 대답했다.

"대중교통 시스템 개선은 사람들이 자가용 대신 이용하게 하여 대기 오염을 줄이고 환경 보호에 기여해. 이는 녹색 전환의 중요한 요소야."

케이가 말했다.

제이와 케이는 '과거와 현재의 변화 분석'에 대해 궁금한 점을 알파에게 질문했다.

Q: 대중교통의 변화가 녹색 전환에 어떻게 기여했나요?

AI: 대중교통의 개선은 녹색 전환에 중요한 기여를 합니다. 과거에는 대중교통이 부족해 많은 사람들이 자가용을 이용했지만, 현재는 대중교통 시스템이 발전하여 지하철, 버스 등 친환경적인 교통수단이 널리 활용되고 있습니다. 이는 사람들이 자가용 대신 대중교통을 이용하게 하여, 대기 오염을 줄이고 도시의 환경 보호에 큰 역할을 하고 있습니다. 따라서 대중교통의 변화는 녹색 전환을 통한 지속 가능한 도시 발전에 기여하는 주요 요소입니다.

5. 수업 마무리

수업이 마무리될 무렵, 선생님은 배운 내용을 정리하며 제이와 케이에게 물었다.

"이번 시간에는 비문학 텍스트 분석 방법에 대해 여러 가지를 배웠지. 문제 제시, 해결책, 결론으로 이어지는 흐름을 파악하는 게 분석의 중요한 요소였어."

제이가 덧붙였다.

"또, 텍스트 내에서 개념들이 어떻게 연결되는지도 배웠어요. 예를 들어, 도시의 녹색 전환과 대중교통 개선이 어떻게 관련되는지요."

"정확해, 제이!"

케이가 물었다.

"앞으로 더 잘 분석하려면 어떻게 해야 하나요?"

선생님이 답했다.

"더 많은 비문학 텍스트를 읽고, 논리적 흐름과 개념 간 관계 분석을 꾸준히 연습해 보면 돼. 연습할수록 분석 능력도 자연히 좋아질 거야."

제이가 고개를 끄덕이며 말했다.

"다양한 텍스트를 분석하며 논리적 흐름을 더 잘 파악해 봐야겠어요."

선생님은 미소 지으며 핵심 개념들을 칠판에 정리했다.

"오늘 배운 개념들을 자주 활용하면 비문학 텍스트 분석 능력이 크게 향상될 거야."

제이와 케이는 오늘 수업을 복습하며 논리적 흐름과 개념 간 관계 분석을 꾸준히 연습할 자신감을 얻었다.

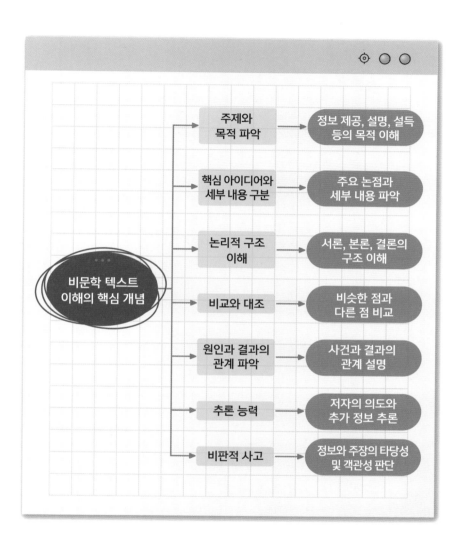

주제와 목적 파악	→	정보 제공, 설명, 설득 등의 목적 이해
핵심 아이디어와 세부 내용 구분	→	주요 논점과 세부 내용 파악
논리적 구조 이해	→	서론, 본론, 결론의 구조 이해
비교와 대조	→	비슷한 점과 다른 점 비교
원인과 결과의 관계 파악	→	사건과 결과의 관계 설명
추론 능력	→	저자의 의도와 추가 정보 추론
비판적 사고	→	정보와 주장의 타당성 및 객관성 판단

비문학 텍스트 이해의 핵심 개념

Bloom의 수정된 인지 이론을 바탕으로 한 질문 구성입니다. 이 질문들은 학생들이 텍스트의 내용을 이해하고 분석하며, 자신의 관점에서 비문학 텍스트의 주제와 내용을 평가하고 새로운 아이디어를 창출하도록 돕기 위한 것입니다.

1. 기억하기 (Remembering)

· 도시의 녹색 전환의 주요 목표는 무엇인가요?
· 이 텍스트에서 언급된 도시의 녹색 전환 방법 중 두 가지를 말해 보세요.
· 도시의 녹색 전환으로 얻을 수 있는 환경적 이점은 무엇인가요?

2. 이해하기 (Understanding)

· 녹색 전환이 대기 오염 감소에 어떻게 기여하나요?
· 공원과 녹지 공간 확대가 시민들에게 어떤 긍정적 영향을 미칠 수 있나요?

· 도시의 녹색 전환에서 개인이 할 수 있는 작은 실천으로 무엇이 있을지 설명해 보세요.

3. 적용하기 (Applying)

· 자신의 생활에서 도시의 녹색 전환을 위해 실천할 수 있는 행동은 무엇인가요?

· 대중 교통과 자전거 이용이 도시의 녹색 전환에 미치는 영향을 설명해 보세요.

· 지역 사회의 녹색 프로젝트에 참여한다면, 어떤 방식으로 기여할 수 있을까요?

4. 분석하기 (Analyzing)

· 도시의 녹색 전환이 왜 단순히 건축물의 친환경화에서 끝나지 않는지 분석해 보세요.

· 도시의 대중 교통 개선과 녹지 공간 확대가 서로 어떻게 연결되어 있는지 설명해 주세요.

· 녹색 전환을 통해 도시 생태계 보호와 시민 건강이 어떻게 연결될 수 있는지 분석해 보세요.

5. 평가하기 (Evaluating)

· 도시의 녹색 전환이 꼭 필요한 이유에 대해 당신의 의견을 설명해 보세요.

· 녹색 전환을 위해 개인의 참여가 필수적이라고 생각하나요? 그 이유는 무엇인가요?

· 도시의 녹색 전환을 위한 제안된 방법들 중 가장 효과적이라고 생각되는 방법을 선택하고 이유를 설명해 보세요.

6. 창조하기 (Creating)

· 도시의 녹색 전환을 돕기 위해 실천할 수 있는 새로운 아이디어를 생각해 보세요.

· 도시 녹색 전환의 중요성을 친구나 가족에게 알리기 위한 짧은 글이나 포스터를 만들어 보세요.

· 미래의 도시가 녹색 전환을 완전히 이룬 모습을 상상해 보고, 그 모습이 현재와 어떻게 다를지 설명해 보세요.

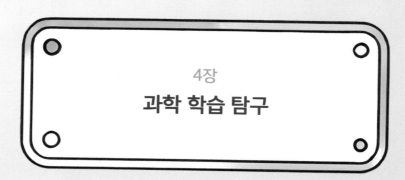

4장

과학 학습 탐구

제이와 케이는 물질의 상태 변화 수업에 대한 기대감을 안고 자리에 앉았다. 선생님은 칠판에 고체, 액체, 기체라는 단어를 적으며 수업을 시작했다.

"이번 시간에는 물질의 상태 변화에 대해 자세히 알아보자."

케이가 손을 들며 물었다.

"물질의 상태 변화라면 혹시 초등학교에서 배운 고체, 액체, 기체 상태 변화인가요?"

선생님은 고개를 끄덕이며 말했다.

"맞아, 케이! 우리가 초등학교 때 배웠던 고체, 액체, 기체의 기본 개념부터 시작할 거야. 얼음이 녹으면 어떻게 되지?"

제이가 생각하며 대답했다.

"고체 상태인 얼음이 녹으면 액체 상태의 물로 변하죠."

"정확해, 제이! 그럼, 물이 끓을 때는 어떻게 될까?"

선생님이 이어 물었다.

케이는 자신 있게 말했다.

"액체 상태의 물이 열을 받아 기체 상태로 변하죠. 증기가 생기면서 기체가 되는 거예요."

선생님은 미소를 지으며 말했다.

"맞아! 물질은 열을 흡수하거나 방출하면서 상태가 변하는 거란다. AI를 활용해서 이 상태 변화 과정을 더 깊이 분석해 볼 거야. 기초 개념을 확실히 이해한 후에 더 복잡한 분석을 해 보자."

제이가 궁금한 듯 질문했다.

"그럼 예전에 배운 상태 변화 내용도 다시 다루나요?"

선생님은 고개를 끄덕이며 설명을 덧붙였다.

"그래, 제이. 우리가 알고 있던 물의 상태 변화가 이 주제를 이해하는 데 중요한 기초가 되니까, 내용을 복습하면서 새로운 기술도 활용할 거야. 이번에는 AI를 활용해 우리가 알고 있는 사례를 넘어 다른 환경에서의 상태 변화를 다룰 거야. 예를 들어, 온도나 압력이 변할 때 어떻게 상태가 변하는지 AI가 수집한 데이터를 통해 더 정밀하게 분석해 볼 수 있지."

케이가 흥미로운 표정으로 물었다.

"그럼 AI가 정말 작은 변화들까지도 다 잡아낼 수 있나요?"

선생님은 고개를 끄덕이며 답했다.

"그렇단다, 케이. AI는 온도 변화나 압력 변화 같은 작은 조건의 차이도 정확히 분석해서 상태 변화가 어떻게 이루어지는지 보여 줄 수 있어. 우리가 눈으로 쉽게 관찰하기 어려운 미세한 변화도 놓치지 않고 데이터로 시각화해 줄 거야. 그럼 이제 시작해 볼까?"

1. 물질의 상태 변화 개념 이해

선생님은 칠판에 다양한 상태 변화인 융해, 응고, 기화, 응축, 승화를 적었다.

제이가 물었다.

"선생님, 상태가 변할 때 에너지는 어떻게 되나요?"

선생님이 고개를 끄덕이며 설명했다.

"상태 변화 시 물질은 에너지를 흡수하거나 방출해. 얼음이 녹으면 열을 흡수하고, 물이 얼 때는 열을 방출하는 것처럼 말이야."

케이가 다시 물었다.

"물이 기화할 때도 에너지를 흡수하나요?"

"맞아, 케이. 물이 기화할 때는 열을 흡수해 수증기로 변하고, 액화될 때는 열을 방출하지."

제이가 이어 물었다.

"기체가 액체로 변할 때 에너지는 어떻게 변하나요?"

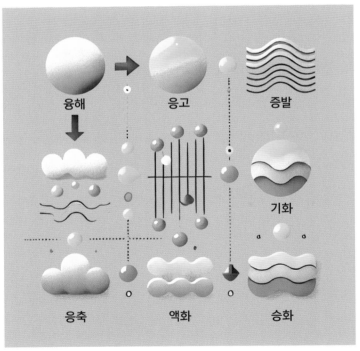

에너지에 따른 물질의 상태 변화는 융해, 응고, 기화, 액화, 승화가 있다.

선생님이 간단한 그림을 그리며 말했다.

"기체가 액체로 변할 때는 열을 방출하면서 분자들이 가까워지고 운동이 느려져."

케이가 물었다.

"융해와 응고는 알겠는데, 승화는 뭔가요?"

선생님이 웃으며 대답했다.

"승화는 고체가 바로 기체로 변하는 과정이야. 예를 들어, 드라이아이스가 바로 기체로 변하는 게 승화지."

제이와 케이는 상태 변화가 에너지를 흡수하고 방출하는 현상과 깊이 관련 있다는 사실을 이해했다.

이어서 제이와 케이는 '상태 변화와 에너지'에 대해 궁금한 점을 알파에게 질문했다.

Q: 물질이 기체에서 액체로 변할 때 에너지는 어떻게 변하나요?

AI: 기체가 액체로 변할 때 열이 방출되며, 분자 운동이 느려지고 분자들이 가까워지면서 응축이 일어납니다. 예를 들어, 수증기가 물로 변할 때 열을 방출해 물방울이 형성됩니다.

Q: 승화 과정에서 물질의 상태 변화는 어떻게 일어나요?

AI: 승화는 고체가 액체를 거치지 않고 기체로 바로 변하는 과정으로, 열을 흡수하여 분자 운동이 활발해지면서 일어납니다. 예시로는 드라이아이스가 고체에서 기체로 변하는 것이 있습니다.

2. 물질의 상태 변화와 분자 운동

선생님은 물질의 상태 변화와 분자 운동의 관계를 설명하기 위해 칠판에 고체, 액체, 기체를 적으며 말했다.

"상태 변화 시 분자들이 어떻게 움직이는지 알아보자."

제이가 물었다.

"분자 운동이 상태 변화와 어떤 관계가 있나요?"

선생님은 미소 지으며 답했다.

"좋은 질문이야, 제이. 고체에서는 분자들이 촘촘히 붙어 거의 움직이지 않지만, 액체에서는 더 자유롭게 움직이고, 기체에서는 아주 빠르게 퍼져."

케이가 고개를 끄덕이며 말했다.

"상태가 변할수록 분자가 더 자유로워지는 거군요."

선생님이 고개를 끄덕였다.

"맞아, 케이. 에너지가 더해지면 분자들이 더 활발해져 고체에서 액체, 기체로 변하고, 반대로 에너지를 잃으면 다시 모이게 돼."

제이가 물었다.

"에너지가 분자 운동에 영향을 주는 거군요!"

"맞아. 상태 변화에는 에너지와 분자 운동이 큰 역할을 해."

선생님이 설명했다.

제이와 케이는 상태 변화가 단순한 외형 변화가 아닌, 분자 운동과 에너지 변화가 이루어지는 과정임을 이해하게 되었다.

이어서 제이와 케이는 '상태 변화와 분자 운동'에 대해 궁금한 점을 알파에게 질문했다.

Q: 액체에서 기체로 변할 때 분자 운동은 어떻게 달라지나요?

AI: 기화 과정에서 분자들은 더 활발히 움직이고 서로 멀어지며 넓은 공간을 차지하게 됩니다.

Q: 고체에서 액체로 변할 때 분자 간 거리는 어떻게 변하나요?

AI: 융해 과정에서 분자 간 거리는 조금 멀어지며, 분자들이 더 자유롭게 움직일 수 있게 됩니다.

3. 열에너지와 물질의 상태 변화

선생님이 칠판에 '열에너지와 물질의 상태 변화'라는 주제를 적으며 말했다.

"열에너지가 물질의 상태 변화에 어떤 영향을 주는지 살펴볼 거야. 예를 들어, 얼음이 녹거나 물이 증발할 때 어떤 일이 일어나는지 생각해 보자."

케이가 물었다.

"열에너지가 상태 변화에 어떻게 영향을 미치나요?"

선생님은 미소를 지으며 답했다.

"열이 물질에 흡수되면 상태가 변해. 예를 들어, 얼음이 녹아 물로 변할 때는 열을 흡수해서 고체가 액체로 변하지."

선생님은 '융해'와 '기화'를 설명하며 덧붙였다.

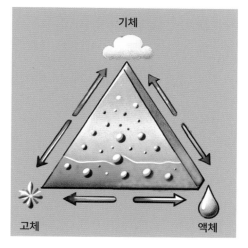

열에너지의 흡수와 방출에 따라 물질은 고체, 액체, 기체 상태로 존재한다.

"얼음이 녹을 때와 물이 증발할 때 모두 열을 흡수해 분자들이 활발해지면서 상태가 변해."

제이는 고개를 끄덕였다.

"반대로, 물이 얼 때나 수증기가 물로 변할 때는 열을 방출해 분자들이 가까워지면서 상태가 변하지."

케이가 이해한 듯 말했다.

"열이 방출되면 분자들이 에너지를 잃고 서로 가까워지는 거군요."

선생님은 고개를 끄덕이며 말했다.

"열에너지가 흡수되면 고체가 액체, 액체가 기체로 변하고, 방출되면 기체가 액체, 액체가 고체로 변한단다."

제이와 케이는 '열에너지와 물질의 상태 변화'에 대해 궁금한 점을 알파에게 질문했다.

Q: 열에너지가 물질의 상태 변화에 어떤 역할을 하나요?

AI: 열에너지가 흡수되면 분자들이 활발히 움직이며 고체
가 액체, 액체가 기체로 변합니다. 반대로 열에너지가
방출되면 분자들이 에너지를 잃고 가까워져 기체가 액
체, 액체가 고체로 변합니다.

Q: 열을 흡수하면 물질의 상태가 어떻게 변하나요?

AI: 열을 흡수하면 물질이 고체에서 액체, 그리고 액체에
서 기체로 변하게 됩니다. 분자들이 더 활발히 움직이
기 때문이에요.

Q: 상태 변화와 에너지 흡수 / 방출을 직관적으로 이해할
수 있게 설명해 주세요.

AI: 상태 변화와 에너지 흡수 / 방출은 물질의 입자 운동
과 온도 변화를 통해 이해할 수 있어요. 쉽게 말해, 열
에너지가 들어가거나 나갈 때 입자들이 어떻게 반응하
는지 생각하면 됩니다.

에너지를 흡수할 때 (입자 운동 증가)

· 고체에서 액체로 (융해): 얼음을 보면, 고체 상태의 물

분자들은 서로 강하게 결합되어 있어요. 열을 가하면 에너지를 흡수하여 분자들이 더 활발하게 움직이고 결합이 약해지면서 고체가 녹아 액체가 됩니다.

· 액체에서 기체로 (기화): 물을 계속 가열하면 분자들이 더욱 활발하게 움직여 서로의 결합에서 완전히 벗어납니다. 이때 액체가 기체로 변하고, 분자들은 더 이상 서로 묶이지 않고 자유롭게 이동하게 됩니다.

에너지를 방출할 때 (입자 운동 감소)

· 기체에서 액체로 (액화): 차가운 공기에서 물이 이슬로 변하는 것을 보면, 기체 상태의 물 분자들이 서로 가까워지고 결합하며 에너지를 방출하게 돼요. 이렇게 되면 분자들이 덜 활발해지고 물방울이 만들어져 액체 상태가 됩니다.

· 액체에서 고체로 (응고): 물이 얼음으로 변할 때, 분자들은 에너지를 잃고 움직임이 줄어듭니다. 결국, 분자들이 서로 촘촘히 결합해 고체가 되며, 에너지가 방출됩니다.

4. 물의 상태 변화 실험과 데이터 분석

제이와 케이는 물의 상태 변화를 실험하고 데이터를 분석하는 법을 배우기로 했다. 선생님은 AI를 활용해 실험을 설계하는 방법을 설명했다.

"물의 끓는점을 측정하고, 상태 변화를 기록한 데이터를 AI로 분석해 보자."

케이가 물었다.

"온도가 올라갈 때 물이 어떻게 변하는지를 관찰하는 건가요?"

선생님은 고개를 끄덕이며 말했다.

"맞아. 온도에 따라 물이 액체에서 기체로 변하는 과정을 기록할 거야. 실험 후 AI로 데이터를 시각화하고 분석할 거고."

제이가 흥미롭게 물었다.

"AI가 데이터를 어떻게 분석해 주나요?"

선생님이 간단한 그래프를 그리며 설명했다.

"AI는 온도와 상태 변화의 관계를 그래프로 보여 줘. 예를 들어, 물이 끓는 구간에서 필요한 열량을 확인할 수 있지."

물의 온도와 상태 변화의 관계

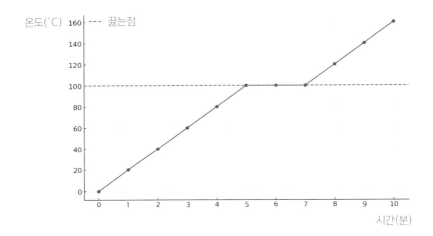

케이는 기대에 찬 목소리로 말했다.

"AI가 데이터를 쉽게 분석하니 이해하는 데 도움이 될 것 같아요."

선생님이 미소 지으며 마무리했다.

"맞아! AI 덕분에 데이터를 더 정확히 해석할 수 있지."

제이와 케이는 '물의 상태 변화 실험과 데이터 분석'에 대해 궁금한 점을 알파에게 질문했다.

Q: 물이 액체에서 기체로 변할 때 온도는 어떻게 변화하나요?

A: 온도는 끓는 점에 도달할 때까지 서서히 올라가고, 끓는 동안 일정하게 유지됩니다. 이때, 에너지는 온도를 올리는 대신 물 분자들이 기체로 변화하는 데 사용됩니다.

Q: 온도가 일정하게 유지되는 구간은 왜 생기나요?

A: 온도가 유지되는 구간은 열이 물 분자들 간의 결합을 끊고 기체로 전환하는 데 쓰이기 때문입니다. 이 과정을 잠열이라고 하며, 물의 끓는점에서 볼 수 있습니다.

5. 상태 변화의 실생활 적용

제이와 케이는 물질의 상태 변화가 기후와 우리 생활에 어떤 영향을 미치는지 배우기로 했다. 선생님은 칠판에 구름과 빙하 그림을 그렸다.

케이가 물었다.

"구름은 상태 변화와 어떤 관련이 있나요?"

선생님은 미소 지으며 답했다.

"구름은 대기 중 수증기가 응결해 작은 물방울로 변하면서 형성돼."

제이가 물었다.

"빙하가 녹는 것도 상태 변화인가요?"

"맞아, 제이. 빙하가 녹는 건 고체였던 얼음이 액체로 변하는 융해 과정이야. 기후 변화로 빙하가 더 빨리 녹으면서 해수면이 상승하고 있어."

선생님이 설명했다.

케이가 추가로 물었다.

"기후 변화는 빙하에 어떤 영향을 미치나요?"

"지구 온도가 올라가면서 극지방 빙하가 더 빨리 녹아 기후에 큰 영향을 준단다."

선생님이 덧붙였다.

제이가 말했다.

"우리 생활 속에서도 상태 변화를 찾아볼 수 있나요?"

선생님은 웃으며 답했다.

"물론이지! 물을 끓여 수증기가 생기거나 냉동실에서 얼음을 만드는 과정도 상태 변화야."

6. 수업 마무리

제이와 케이는 수업을 마치며 이번 단원에서 배운 내용을 정리했다.

"자, 이번 시간에 물질의 상태 변화와 관련된 많은 것을 배웠지. 한번 정리해 볼까?"

케이가 손을 들고 말했다.

"고체에서 기체로 변할 때 분자들이 더 자유롭게 움직이는 걸 배웠어요."

선생님이 고개를 끄덕이며 덧붙였다.

"맞아! 에너지가 상태 변화에 큰 역할을 한다는 것을 배웠지. 에너지를 흡수하면 분자가 활발해져 기체가 되고, 방출하면 고체가 된단다."

제이가 이어 말했다.

"또 실험을 통해 온도 변화에 따른 상태 변화를 확인하고, 데이터를 AI로 분석했어요."

선생님이 '실험'을 칠판에 적으며 말했다.

"그렇지! AI로 데이터를 분석하면서 상태 변화와 에너지 이동을 더 명확히 이해할 수 있었지. AI 덕분에 복잡한 데이터를 쉽게 시각화하고, 상태 변화를 명확히 볼 수 있었고 말이야."

제이와 케이는 이번 단원에서 AI의 도움으로 상태 변화 개념을 깊이 이해하게 되었다.

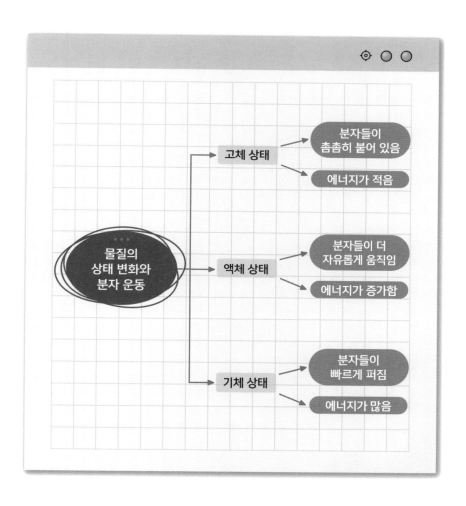

Bloom의 수정된 인지 이론을 바탕으로 한 질문 구성입니다. 이 질문들은 학생들이 상태 변화의 개념과 과정을 이해하고 분석하며, 자신의 관점에서 상태 변화의 원리와 응용을 평가하고 새로운 아이디어를 창출하도록 돕기 위한 것입니다.

1. 기억 (Remembering)

· 물질의 상태 변화 과정에서 고체, 액체, 기체 상태는 각각 어떤 특징을 가지고 있나요?

· 상태 변화의 주요 유형에는 어떤 것들이 있나요? 각각의 용어를 정의해 주세요.

· 물의 상태 변화 과정에서 발생하는 주요 단계(융해, 응고, 기화, 응축, 승화)를 설명해 주세요.

2. 이해 (Understanding)

· 왜 고체에서 액체로 변하는 과정을 융해라고 하나요? 융해가 발생
하는 이유를 설명해 주세요.

· 물질이 상태 변화를 겪을 때 분자 운동이 어떻게 달라지나요?
고체, 액체, 기체 상태에서의 분자 배열을 비교해 주세요.

· 기화와 응축 과정에서 에너지가 어떻게 흡수되거나 방출되는지 설
명해 주세요.

3. 적용 (Applying)

· 왜 기온이 높은 지역에서 물이 더 빨리 증발하나요? 상태 변화와
에너지의 관계를 설명해 주세요.

· 주변 환경의 온도 변화를 고려했을 때, 물질이 고체에서 액체로, 또
는 액체에서 기체로 변하기 위해 필요한 조건을 예시를 통해 설명
해 주세요.

· 일상생활에서 발생하는 상태 변화의 예를 들어 설명해 주세요. 예

를 들어, 얼음이 녹거나 물이 증발하는 상황이 상태 변화와 어떻게 연결되는지 설명해 주세요.

4. 분석 (Analyzing)

· 물질이 상태 변화를 겪을 때 분자 간의 거리는 어떻게 달라지나요? 고체, 액체, 기체 상태에서 설명해 주세요.

· 왜 융해와 응고, 기화와 응축 과정에서 온도가 일정하게 유지될까요? 이를 열에너지와 상태 변화 관점에서 분석해 주세요.

· 기체에서 액체로의 응축이 주변 온도에 미치는 영향을 분석해 주세요.

5. 평가 (Evaluating)

· 상태 변화의 원리를 활용하여 에너지를 효율적으로 관리할 수 있는 방법을 제안해 보세요.

- 빙하가 녹는 현상이 기후 변화와 어떤 관계가 있는지 설명하고, 이 현상이 환경에 미치는 영향을 평가해 주세요.
- 응축을 활용한 공기 중 수분 포집 장치의 효과를 평가하고, 상태 변화가 이런 장치에 어떻게 응용되는지 설명해 주세요.

6. 창조 (Creating)

- 상태 변화의 개념을 활용하여 에너지를 절약할 수 있는 새로운 시스템이나 제품을 구상해 보세요.
- 상태 변화와 에너지 전환 원리를 바탕으로 날씨 변화나 온도 조절 시스템을 설계해 보세요.
- 상태 변화를 이용한 에너지 저장 장치를 설계해 보고, 그 설계에서 상태 변화가 어떤 역할을 하는지 설명해 주세요.

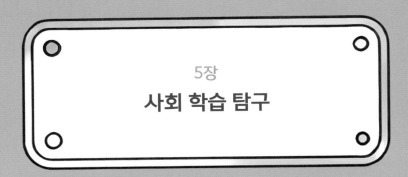

5장

사회 학습 탐구

이번 시간에는 세계의 다양한 지역에서 나타나는 기후와 그에 영향을 미치는 지리적 특성에 대해 알아보기로 했다. 선생님은 수업의 시작을 알리며, 화면에 세계 지도를 띄웠다. 지도에 펼쳐진 대륙과 바다들이 제이와 케이의 시선을 사로잡았다. 선생님은 학생들을 바라보며 말했다.

"우리는 세계 여러 지역의 지리와 기후가 어떻게 연결되어 있는지 탐구할 거야. 먼저, 초등학교 때 배운 대륙과 해양을 잠시 복습해 보자. 각 대륙이 해양과 어떻게 연결되어 있고, 이로 인해 기후가 어떻게 다른지 알아보는 게 중요하거든."

케이가 흥미롭게 물었다.

"그럼 대륙과 해양에 따라 기후가 달라지는 건가요?"

선생님은 고개를 끄덕이며 설명했다.

"그렇단다, 케이! 아시아, 유럽, 아프리카 같은 대륙들이 각기 다른 해양과 접하고 있어. 이 때문에 기온, 강수량, 바람의 흐름 등이 지역마다 달라지는 거야. 우리나라의 기후도 그런 영향으로 형성되지."

제이가 고개를 끄덕이며 물었다.

"그럼 우리나라의 지리적 특성도 기후에 영향을 주는 건가요?"

선생님은 답하며 더욱 구체적인 내용을 설명했다.

"그렇지! 우리나라도 독특한 지리적 위치에 있어. 사계절이 뚜렷하게 나타나는 것도 주변 바다와 대륙의 영향을 받기 때문이란다. 자, 이제 우리나라의 기후를 더 깊이 살펴보자."

선생님은 세계 지도를 가리키며 말했다.

"우리나라는 사계절이 뚜렷한 온대 기후를 가지고 있지만, 지형과 지리적 특성에 따라 지역마다 기후가 조금씩 달라. 예를 들어, 우리나라의 산지는 기온이 낮고 강수량이 많아 겨울철 눈도 자주 내려. 반면에 평야와 해안 지역은 더 온화하지."

제이가 흥미로운 표정으로 물었다.

"선생님, 우리나라의 기후를 바탕으로 세계 다른 지역의 기후 패턴도 배워 볼 수 있는 건가요?"

선생님은 고개를 끄덕이며 답했다.

"맞아, 제이! 우리나라의 기후 특성을 이해하는 것은 전 세계 기후를 분석하는 데 중요한 출발점이 된단다. 이제는 위도,

고도, 해양과의 거리 같은 요소들이 기후에 어떤 영향을 주는 지 세계적으로 확장해서 탐구해 볼 거야. 지구의 다양한 지역 들이 자연 환경에 따라 어떻게 독특한 기후를 가지게 되는지 알아보는 거지."

케이도 궁금한 듯 질문했다.

"그럼 우리나라의 지리적 특징이 기후에 어떤 영향을 주는 지 더 자세히 알고 싶어요."

선생님은 미소를 지으며 설명을 덧붙였다.

"우리나라는 동쪽과 북쪽에 산지, 남쪽과 서쪽에 바다가 있 어. 그래서 겨울에는 차가운 북서풍이 산을 타고 내려와 한겨 울에 추운 기온을 만들고, 여름에는 남쪽에서 습한 해풍이 불 어와 무덥고 습한 날씨를 만들어 주지. 지형과 바다가 기후에 큰 영향을 주는 좋은 예란다."

이어서 제이와 케이는 '우리나라의 지리적 특성과 기후'에 대해 궁금한 점을 알파에게 질문했다.

Q: 우리나라의 지리적 특성이 기후에 어떤 영향을 미치나
요? 키워드 별로 설명해 주세요.

AI: 우리나라의 지리적 특성은 다양한 방식으로 기후에 영
향을 미칩니다.

· 위치: 북위 33~43도 사이에 위치하여 사계절이 뚜렷한
온대 기후를 띠며, 여름은 덥고 습하며 겨울은 춥고 건
조합니다. 대륙과 해양의 기후 영향을 동시에 받습니다.

· 산악 지형: 약 70%가 산악 지형이라 지역별 기후 차이
가 큽니다. 예를 들어, 동해안은 온난한 기후를 유지하
는 반면 내륙 지역은 겨울이 더 춥습니다.

· 해양의 영향: 해안 지역은 바다의 영향을 받아 기온 변
화가 적습니다. 해안은 여름에는 더 시원하고 겨울에는
따뜻하며, 특히 서해안은 조석의 차이가 큰 독특한 환
경을 형성합니다.

· 계절풍: 여름에는 남서풍이 불어 덥고 습한 날씨를, 겨
울에는 북서풍이 차갑고 건조한 날씨를 만듭니다.

Q: 산지와 평야 지역의 기후는 어떻게 다른가요? 키워드
별로 설명해 주세요.

AI: 산지와 평야는 고도와 지형에 따라 기후가 다릅니다.

1. 산지:

· 고도가 높아 여름에도 시원하며 겨울에는 춥습니다.

· 산을 넘어가는 공기가 냉각되면서 비가 많이 내립니다.

· 고도가 높아 낮과 밤의 기온 차이가 큽니다.

2. 평야:

· 평탄한 지형으로 인해 기온이 비교적 높고 온화합니다.

· 지형이 평평해 강수량이 산지보다 고르게 나타납니다.

1. 위도와 각 지역의 기후

"지금부터 위도가 각 지역의 기후에 어떻게 영향을 미치는
지 알아 보자."

선생님은 칠판에 적도와 위도를 그리며 말했다.

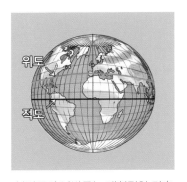

북반구와 남반구는 대칭적인 기후대를 이루며, 동일한 위도에서 유사한 기후 특성이 관찰된다.

"위도는 적도를 기준으로 남북을 나타내는 좌표야. 적도는 위도 0°로, 적도를 기준으로 지구를 반으로 나누어 북쪽은 북반구, 남쪽은 남반구로 구분한단다. 그리고 적도에서 멀어질수록 위도가 높다고 말하지. 위도가 높아질수록 기온이 낮아지고, 위도가 낮은 적도 부근은 항상 더운 열대 기후를 보여."

제이가 물었다.

"그럼 기후대는 위도에 따라 달라지는 건가요?"

선생님이 고개를 끄덕이며 설명했다.

"맞아! 기후대는 열대, 건조, 온대, 냉대, 한대 기후로 나뉘며, 각 위도에 따라 나타나지."

케이가 흥미롭게 물었다.

"열대 기후와 건조 기후는 각각 어디서 나타나나요?"

선생님이 답했다.

"열대 기후는 적도 근처, 건조 기후는 보통 사막 지역에서 나타나고, 온대, 냉대, 한대 기후는 각각 중위도, 고위도, 극지방에서 주로 나타난단다."

선생님은 칠판에 적도를 중심으로 기후대의 대칭을 그리며 계속해서 설명했다.

"적도를 중심으로 북반구와 남반구는 대칭적인 기후대를 보이고, 같은 위도에서는 비슷한 기후 특성이 나타나지."

제이가 물었다.

"남극과 북극이 추운 이유도 같은 위도 때문인가요?"

선생님이 답했다.

"맞아, 두 곳 모두 고위도에 있어 태양 에너지가 비스듬하게 들어와 한대 기후가 나타나지."

제이와 케이는 기후대가 위도에 따라 대칭적으로 분포하는 이유를 이해하게 되었다.

이어서 제이와 케이는 '위도와 각 지역의 기후'에 대해 궁금한 점을 알파에게 질문했다.

Q: 적도 근처 지역의 기후는 어떤 특징이 있나요?

AI: 적도 근처 지역은 열대 기후로, 연중 기온이 높고 강수
량이 많습니다. 열대 우림 기후와 사바나 기후가 주로
나타나며, 열대 우림 기후는 일 년 내내 비가 많이 내리
고, 사바나 기후는 건기와 우기가 뚜렷합니다.

Q: 적도를 중심으로 기후대가 대칭성을 가지는 이유는 무
엇인가요?

AI: 지구가 둥글기 때문에 적도를 중심으로 북반구와 남반
구가 비슷한 기후대를 나타냅니다. 같은 위도의 북반
구와 남반구는 태양 에너지를 비슷하게 받아 유사한
기후 특성을 보입니다.

Q: 위도에 따른 태양빛의 각도에 따라 기후가 변하는 이
유는 무엇인가요?

AI: 위도에 따라 태양빛이 지표면에 도달하는 각도가 달
라지기 때문입니다. 적도에 가까울수록 태양빛이 거
의 수직으로 비춰 지표면에 많은 열을 전달하게 되어

기온이 높아지고 열대 기후가 형성됩니다. 반면, 위도가 높아질수록 태양빛이 비스듬히 들어와 열이 넓게 분산되므로 기온이 낮아지고, 냉대나 한대 기후가 나타납니다.

2. 고도, 해양, 대륙이 기후에 미치는 영향

제이와 케이는 고도, 해양, 대륙이 기후에 미치는 영향을 배우기로 했다. 선생님은 화면에 디지털 지도를 펼치며 설명을 시작했다.

"해수면을 0으로 하여 측정한 높이를 고도라고 한단다. 고도가 높아지면 왜 기온이 낮아지는지 알아보자."

제이가 질문했다.

"산악 지역은 왜 기온이 낮은 건가요?"

선생님은 대답했다.

고도는 온도를 낮추고, 해양은 온도를 완화하며,
대륙은 극단적인 기온 변화를 유발한다.

"고도가 높아질수록 대기층이 얇아져 열을 잘 저장하지 못해서야. 그래서 히말라야 같은 높은 산들은 여름에도 기온이 낮고, 겨울에는 눈이 쌓이지."

케이가 이어 물었다.

"그럼 바다 근처와 내륙의 기후는 왜 다른가요?"

선생님은 지도를 가리키며 설명했다.

"해양성 기후 지역은 바다가 온도를 조절해 줘서 기온 변화가 적고, 대륙성 기후 지역은 바다에서 멀기 때문에 기온 변화가 더 커."

제이가 덧붙였다.

"그래서 해양성 기후가 더 온화하게 느껴질 수도 있겠네요."

선생님은 미소 지으며 고개를 끄덕였다.

"맞아, 바다가 온도를 조절해 주니 기온이 더 안정적으로 느껴지지."

제이와 케이는 디지털 지도를 통해 각 지역의 기후 특징을 이해하면서, 다양한 지역의 기후를 탐구할 기대감에 가득 찼다. 이어서 제이와 케이는 '고도, 해양, 대륙이 기후에 미치는 영향'에 대해 궁금한 점을 알파에게 질문했다.

Q: 산악 지역과 평지의 기온 차이는 왜 발생하나요?

AI: 산악 지역은 평지보다 고도가 높아 기온이 낮아집니다. 고도가 높아지면 대기층이 얇아지고 기압이 낮아져 공기가 팽창하며 차가워집니다. 또한, 산악 지역은 태양열을 덜 흡수하고 바람이 강하게 불어 열이 쉽게 흩어지기 때문에 더 빨리 차가워지는 경향이 있습니다.

3. 세계 여러 지역의 기후

제이와 케이는 아프리카, 남아메리카, 유럽, 그리고 우리나라의 대표적인 기후와 생활 방식을 배우기로 했다. 선생님은 대륙 지도를 가리키며 설명을 시작했다.

사하라 사막

"사하라 사막은 강수량이 매우 적고 기온이 높은 건조 기후 지역이야. 강한 햇빛과 건조한 공기로 인해 사막이 형성되었지. 이곳에 사는 사람들은 주로 오아시스 근처에서 생활하고, 유목 생활을 하며 지하수를 이용해 농사도 지어."

아마존 열대 우림

케이는 손을 들고 질문했다.

"선생님, 아마존은 사하라와 완전히 다른 기후죠?"

"그래, 남아메리카에 위치한 아마존 열대 우림은 고온 다습한 열대 우림 기후야. 이

지역은 연중 기온이 높고 비가 많이 와서, 빽빽한 숲과 풍부한 생물 다양성을 가지고 있지. 사람들은 주로 수상 교통을 이용하며 생활하고, 소규모 농업을 하기도 해."

이어서 유럽의 지중해성 기후에 대해 설명했다.

"남부 유럽은 지중해성 기후 지역으로 여름이 덥고 건조하며, 겨울이 온화하고 비가 많이 와. 이 기후 덕분에 지중해 연안 지역에서는 올리브, 포도, 감귤류 농사를 짓지. 지역의 음

지중해성 기후

식과 생활 방식에도 큰 영향을 미쳤어."

제이가 마지막으로 우리나라의 기후에 대해 물었다.

"우리나라의 기후는 어떤 특징이 있나요?"

"우리나라는 사계절이 뚜렷한 온대 기후로, 봄, 여름, 가

온대성 기후

을, 겨울이 각각 다른 기온과 날씨 특징을 가지고 있어. 이런 기후 덕분에 계절별 농작물이 다양하게 재배되고, 생활 방식도 사계절에 맞춰 변화해.”

제이와 케이는 각 지역의 기후와 생활 방식이 어떻게 연결되는지 배우며 세계 각지의 환경과 문화를 이해하는 데 흥미를 느꼈다.

이어서 제이와 케이는 ‘세계 여러 지역의 기후’에 대해 궁금한 점을 알파에게 질문했다.

Q: 사하라 사막에서 주민들이 적응하는 방식은 무엇인가요?

AI: 사하라 사막 주민들은 주로 오아시스 근처에서 생활하며 물을 확보하고, 유목 생활을 하며 가축을 키웁니다. 또한, 현대에는 지하수를 끌어와 농사를 짓기도 하

고, 가벼운 옷과 전통적인 천막이나 흙집을 지어 더위
와 강한 햇볕을 피하는 방식으로 적응하고 있습니다.

Q: 아마존 열대 우림이 생활과 경제에 미치는 영향을 자
세히 설명해 주세요.

AI: 아마존 열대 우림은 인간 생활과 경제에 매우 중요한
역할을 합니다. 이 지역은 다양한 천연자원을 제공하
며, 특히 약용 식물과 식량 자원으로 활용될 수 있는
식물들이 풍부합니다. 또한, 열대 우림은 고무나무와
같은 산업 자원도 제공하여 고무 산업이 발달하게 합
니다. 아마존은 '지구의 허파'로 불리며, 전 세계 산소
의 상당 부분을 생산하고 이산화탄소를 흡수해 기후
조절에도 큰 기여를 합니다. 이 생태계는 다양한 동식
물의 서식지이기도 하여 생물 다양성을 유지하고, 생
태 관광 산업으로도 활용되며 지역 경제에 기여합니
다. 그러나 벌목과 농업 확장으로 산림 파괴가 진행되
면서 환경과 생태계가 위협받고 있어, 이를 보호하기
위한 노력이 중요해지고 있습니다.

4. 기후가 경제와 생활에 미치는 영향

"기후는 농업에 큰 영향을 미친단다. 기후에 따라 작물이 달라지거든. 온대 기후에서는 벼농사가 잘되고, 건조 기후에서는 물이 덜 필요한 밀이나 보리가 주로 재배돼."

제이가 질문했다.

"기후가 경제에도 영향을 미치나요?"

선생님은 고개를 끄덕이며 말했다.

"열대 기후에서는 목재와 고무 산업이 발달했어. 한대 기후에서는 어업이 주요 산업이란다."

케이가 물었다.

"사람들의 생활 방식도 기후에 맞춰 바뀌나요?"

선생님이 답했다.

"맞아! 추운 지역은 보온을 위한 두꺼운 옷을 입고, 이글루 같은 집을 지어. 더운 지역은 통풍이 잘되는 집에 살고 얇은 옷을 입지."

제이와 케이는 기후가 농업, 경제, 생활 방식에 큰 영향을 미친다는 것을 이해하게 되었다.

이어서 제이와 케이는 '기후가 경제와 생활에 미치는 영향'에 대해 궁금한 점을 알파에게 질문했다.

Q: 사막 지역에서 농업이 어려운 이유는 무엇인가요?

AI: 사막 지역은 강수량이 매우 적고, 기온이 극단적으로 변하는 환경이라 농업이 어렵습니다. 낮 동안 강렬한 햇볕으로 온도가 높고, 밤에는 급격히 기온이 떨어져 식물이 자라기 힘들죠. 또한 토양에 영양분이 부족하고 물이 부족해 작물을 키우기가 어렵습니다.

Q: 추운 지역에서 사용하는 건축 양식의 특징을 설명해 주세요.

AI:

1. 보온성

· 두꺼운 벽과 천장을 사용해 열 손실을 줄이고, 내부 온도를 따뜻하게 유지할 수 있도록 설계됩니다. 주택 외

벽에 단열재를 사용하여 내부 열이 쉽게 빠져나가지 않 게 합니다.

2. 작은 창문

· 창문이 작고 이중 혹은 삼중 유리로 되어 있어 열 손실을 최소화합니다. 또한 창문을 적게 만들어 찬 공기가 들어 오는 것을 줄입니다.

3. 경사 지붕

· 눈이 쌓이지 않고 쉽게 흘러내리도록 경사가 급한 지붕 을 사용합니다. 지붕의 강한 구조 덕분에 눈의 무게를 견 딜 수 있어 집이 안전하게 유지됩니다.

4. 현관과 이중 문 구조

· 추운 바깥 공기가 직접적으로 집 안으로 들어오지 않게 이중 현관을 사용하는 경우가 많습니다. 이중 문 구조는 바깥 찬 공기를 한 번 차단한 후 내부로 들어오게 하는 역할을 합니다.

5. 작은 공간 설계

· 열을 효율적으로 유지하기 위해 공간이 크지 않게 설계 됩니다. 작은 공간은 난방을 더 효과적으로 할 수 있어 에너지를 절약할 수 있습니다.

6. 보온성이 높은 재료

· 내부 온도를 오래 유지시켜 주는 목재나 벽돌과 같은 재료를 사용해 건축합니다. 추운 지역의 건축 양식은 이러한 요소들을 통해 외부의 차가운 환경에서도 실내가 따뜻하고 쾌적하게 유지될 수 있도록 설계됩니다.

5. 수업 마무리

선생님은 수업을 마무리하며 배운 내용을 정리했다.

"이번 시간에는 기후와 지리적 특성이 지역 사회에 어떤 영향을 주는지 알아보았어. 위도, 고도, 그리고 해양과 대륙의 위치가 각 지역의 기온과 강수량에 어떻게 영향을 미치는지 생각해 볼까?"

케이가 먼저 대답했다.

"위도에 따라 태양빛이 다르게 들어와서 기후가 달라지고, 고도가 높아지면 기온이 낮아지니까 산악 지역은 평지와 기온이 다르다는 것도 알게 됐어요."

선생님이 고개를 끄덕였다.

"좋아, 이 기후 차이가 각 지역에서 어떤 농업과 산업이 발달하는 데도 영향을 미치겠지? 그리고 기후는 생활 방식과 건축에도 큰 영향을 준단다."

선생님이 미소 지으며 마무리했다.

"오늘 배운 내용을 바탕으로 다양한 지역의 기후와 생활 방식을 더 깊이 탐구해 보는 것도 좋은 학습이 될 거야!"

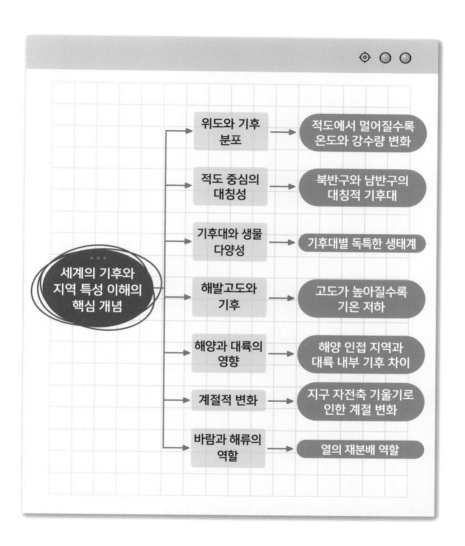

세계의 기후와 지역 특성 이해의 핵심 개념

- 위도와 기후 분포 → 적도에서 멀어질수록 온도와 강수량 변화
- 적도 중심의 대칭성 → 북반구와 남반구의 대칭적 기후대
- 기후대와 생물 다양성 → 기후대별 독특한 생태계
- 해발고도와 기후 → 고도가 높아질수록 기온 저하
- 해양과 대륙의 영향 → 해양 인접 지역과 대륙 내부 기후 차이
- 계절적 변화 → 지구 자전축 기울기로 인한 계절 변화
- 바람과 해류의 역할 → 열의 재분배 역할

심화 학습 자료

Bloom의 수정된 인지 이론을 바탕으로 한 질문 구성입니다. 이 질문들은 학생들이 세계 기후의 다양한 특성과 지역별 특성을 이해하고 분석하며, 자신의 관점에서 기후와 지역 특성이 사회에 미치는 영향을 평가하고 새로운 아이디어를 창출하도록 돕기 위한 것입니다.

1. 기억하기

- 세계의 주요 기후대(열대, 건조, 온대, 냉대, 한대)의 이름과 위치를 말해 보세요.
- 열대 기후와 온대 기후의 차이점을 간단히 설명해 보세요.

2. 이해하기

- 열대 기후에서는 어떤 특성이 나타나며, 그 특성이 지역 주민의

생활 방식에 어떻게 영향을 미칠까요?

· 온대와 냉대 기후에서의 생활 방식을 비교해 보세요.

3. 적용하기

· 지구본에서 기후대에 따라 지역의 생활 방식을 설명하는 예를 만들어 보세요. 예를 들어, 사막 기후에 사는 사람들은 어떤 생활 방식을 가질까요?

· 북반구와 남반구에 같은 위도로 위치한 지역들이 비슷한 기후를 가질 경우, 그 이유를 설명해 보세요.

4. 분석하기

· 열대 우림 지역과 사막 지역의 기후를 비교하며, 각 지역의 지리적 특성이 기후에 미치는 영향을 분석해 보세요.

· 다양한 기후대가 지역의 농업에 미치는 영향을 지역별로 비교하고, 그 차이가 나타나는 이유를 설명해 보세요.

5. 평가하기

· 기후가 생활 방식과 경제 활동에 미치는 영향이 가장 큰 기후대를 선택하고, 그 이유를 설명해 보세요.

· 기후 변화가 농업에 미치는 영향에 대해 평가하고, 기후 변화에 대응하기 위한 방안을 제안해 보세요.

6. 창조하기

· 기후와 지리적 특성을 바탕으로 가상의 나라를 설계하고, 그곳에서 사람들이 어떻게 생활할지 설명해 보세요. 해당 기후에서 가능한 경제 활동과 농업 형태도 포함하세요.

· 기후의 변화가 특정 지역 경제에 미칠 영향을 예측하고, 그에

　따른 대응 전략을 제안해 보세요.

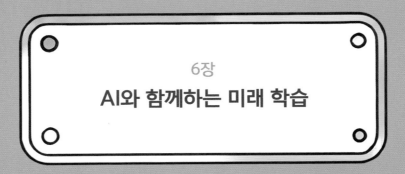

6장

AI와 함께하는 미래 학습

선생님과 제이, 케이는 AI와 함께 하는 수업에 대한 감상을 나누고 있었다. 선생님이 먼저 말했다.

"알파와 함께 학습해 보았는데, 어땠어?"

제이가 대답했다.

"정말 특별한 경험이었어요! 과학이 단순히 외우는 게 아니라, 발견하는 과정이란 걸 알게 되었어요."

케이도 덧붙였다.

"저도 과학이 더 친근하게 느껴졌어요. 알파가 복잡한 개념을 쉽게 설명해 줬어요."

제이가 웃으며 말했어요.

"그리고 선생님이 질문을 통해 더 깊이 탐구하게 해 주셨죠."

선생님은 마무리했다.

"나도 너희들의 열정과 깊은 이해에 정말 감동했어. 너희가 말한 것처럼 AI와 함께하는 학습은 무한한 가능성을 열어 준단다. 하지만, 진정한 학습은 인간과 기술이 조화를 이룰 때 이루어진단다."

기술과 인간적 교류가 어우러진 진정한 학습

제이가 입을 열었다.

"알파와의 학습 덕분에 수학과 과학이 새롭게 다가왔어요. 이렇게 과목에 대한 흥미가 생길 줄 몰랐어요."

케이도 고개를 끄덕이며 말했다.

"저도 지리와 문학이 더 관심 있게 느껴졌어요. 선생님과 직접 대화하고 토론한 것도 무척 재미있었고요."

선생님은 고개를 끄덕였다.

"AI는 훌륭한 도구지만, 교사와 학생 간의 대화, 친구들 사이의 토론이 절대적으로 중요하지."

케이가 고개를 끄덕였다.

"맞아요, 선생님. 알파 덕분에 많이 배웠지

AI는 기술적 효율성과 윤리성 고려 사이의 조화를 통해 인간 중심의 AI 활용을 추구한다.

만, 선생님과의 대화로 배움이 더 깊어졌어요."

선생님은 다시 말했다.

"그래, 진정한 배움은 사람들 간의 상호 작용에서 오는 거야."

창의력과 대인 관계 능력의 균형 발전

선생님은 교실을 천천히 둘러보며 의미심장한 목소리로 말했다.

"미래 교육에서는 AI가 여러분의 창의력과 비판적 사고를 키워주는 중요한 도구가 될 거야. 알파 같은 AI 도우미가 제공하는 맞춤형 학습을 통해 창의력을 더욱 발휘할 수 있단다."

선생님이 목소리를 높였다.

"하지만 반드시 다른 사람들과의 관계를 이해하고 효과적으로 소통하는 대인 관계 능력을 키워야 해. 창의적 사고와 함께 협력하고 공감하는 능력을 겸비한다면, 사회에 긍정적 변화를 일으키는 리더로 성장할 수 있을 거야."

케이가 손을 들고 궁금한 듯 물었다.

"선생님, 대인 관계 능력은 무엇인가요? 그리고 그런 능력을 어떻게 계발할 수 있을까요?"

선생님이 미소를 지으며 답했다.

"아주 좋은 질문이야, 케이. **대인 관계 능력**은 다른 사람과 효과적으로 소통하고 협력하는 능력을 말해. 팀 프로젝트나 토론 같은 활동을 통해 서로의 생각을 경청하고 존중하면서, 다

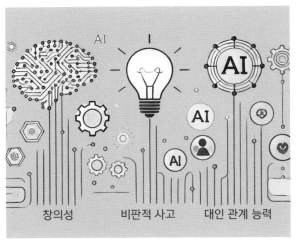

미래 교육은 창의성, 비판적 사고, 대인 관계 능력의 균형 있는 발전을 통해 AI와 인간의 조화를 이루는 학습 환경을 조성한다.

양한 관점을 이해하는 것이 중요해. 이런 경험을 통해 자연스럽게 대인 관계 능력이 발전하지."

제이가 고개를 끄덕이며 덧붙여 질문했다.

"그럼, AI도 대인 관계 능력을 기르는 데 도움을 줄 수 있는 건가요?"

선생님이 고개를 끄덕이며 말했다.

"맞아, 제이. AI는 상황에 맞게 적절히 반응하고 더 나은 소통을 연습할 기회를 줄 수 있지. 예를 들어, AI가 제안하는 시뮬레이션이나 가상 협업 환경에서 팀워크를 경험해 보면서 대인 관계 능력을 자연스럽게 키울 수 있어."

제이와 케이는 AI가 단순한 학습 도구를 넘어, 사람들과의 관계를 더 깊이 이해하고 조화롭게 협력하는 법을 배우는 데에도 큰 역할을 한다는 사실을 깨달았다.

교육에서의 감성적 지능

"AI와 함께하는 학습은 많은 기회를 열어주지만, 진정한 성장은 감성 지능, 즉 서로를 이해하고 공감하는 능력에서 비롯된단다. 미래 사회를 준비하려면 지식뿐만 아니라 타인의 감정과 상황을 이해하는 능력이 필요해."

제이가 고개를 끄덕이며 말했다.

"그렇다면, 우리가 그룹 프로젝트를 하면서 서로의 의견을 경청하고, 장점을 인정하며 문제를 함께 해결하는 것도 감성 지능을 기르는 방법이겠네요!"

케이도 맞장구쳤다.

"맞아요! 친구가 어려움에 처했을 때 도와주고, 다른 사람의 기분을 이해하려고 노력하는 것도 중요한 감성 지능이죠?"

선생님은 미소 지으며 말했다.

"정확해. 서로를 이해하고 감정을 나누며 협력하는 법을 배우는 것이 교실에서의 중요한 학습 목표란다. AI가 지식 습득에 큰 도움을 줄 수 있지만, 진정한 배움과 성장은 사람과 사람 사이의 공감과 이해에서 시작돼."

이 대화를 통해 제이와 케이는 AI의 역할과 함께 감성 지능의 중요성을 새롭게 인식하게 되었다.

AI와 인간의 협력적 미래

"저도 제이의 말에 동의 해요. AI가 우리의 학습을 돕지만, 결국 중요한 건 우리가 서로를 이해하고 협력 하며 감정적으로 연결되는 거예요. 기술이 아무리 발전 해도 우리의 마음과 감정을 대체할 순 없죠."

선생님은 미소 지으며 결론을 지었다.

"너희가 보여 준 생각들은 미래 교육의 밝은 가능성을 보여 줬어. AI는 학습을 더 효율적이고 흥미롭게 만들 수 있지만,

그 과정에서 서로의 마음을 이해하고 감정을 나누는 것이 중요하다는 것을 잊어선 안 돼. 너희 모두 미래에 긍정적인 변화를 만들어가는 훌륭한 사회학자, 과학자, 수학자, 작가가 될 거라 믿어."

수업이 끝나고 집으로 돌아가는 길에 제이와 케이는 오늘의 수업을 되돌아보며 이야기를 나눴다.

"알파가 수학 문제를 풀거나 역사적 사실을 알려줄 때 정말 대단했어. 하지만 친구들과 프로젝트를 하며 서로의 생각을 공유할 때 느껴지는 연결감은 AI로는 경험할 수 없는 영역이라 생각해."

케이도 고개를 끄덕이며 말했다.

"맞아, 알파가 많은 걸 가르쳐줬지만, 선생님과 함께 고민하고 이해하며 훨씬 깊이 배운 것 같아."

집에 도착할 때까지 두 사람은 대화를 이어갔다. 이야기를 하다 보니 AI를 활용한 학습이 흥미롭고 유익하지만, 친구들과의 협력, 교사와의 상호 작용을 통해 진정한 학습 목표가 달성된다는 걸 깨달을 수 있었다.

기술이 발전하더라도 사람과의 연결, 그리고 협력이야말로 진정한 배움의 핵심임을 제이와 케이는 마음 깊이 이해하게 되었다.

AI의 활용이 중요한 미래에도, 깊이 있는 학습과 성장은 결국 사람들과의 교류 속에서 이루어지게 될 것이다.

한 발 더 나아가기

AI를 내 편으로 만드는 AI 원리

1. LLM(대규모 언어 모델)의 원리

"AI를 내 편으로 만들고 싶다면 LLM의 원리를 이해하고 인간 사고와 AI의 상호 작용도 알아야 해."

"선생님, LLM이 뭔가요?"

"좋은 질문이야. LLM 은 'Large Language Model'로, AI 중에서 많은 텍스트를 학습해 언어를 이해하고 생성하는 AI 모델이야. 알파 같은 AI 도우미도 우리 언어를 이해하고 답변을 생성하는 LLM의 한 형태라고 할 수 있어. LLM 대신 'AI'라고 하면 더 쉽게 이해할 수 있을 거야."

알파가 덧붙였다.

"AI는 학습을 지원하는 도구일 뿐, 결국 사람이 스스로 결론을 이끌어내는 것이 더 중요해요."

제이가 말했다.

"그럼 AI와 협력해서 더 효과적으로 학습할 수 있겠네요."

선생님이 웃으며 말했다.

"그렇지! AI를 도구로 활용하면 깊이 있는 이해와 창의적 문제 해결 능력을 기를 수 있어."

벡터화와 임베딩

대형 디스플레이 화면에 '벡터화와 임베딩'에 대한 자료가 나타났다. 화면에 밝은 색상으로 강조된 'Hello, everyone!'이라는 문장이 뜨자, 알파가 이를 읽어주며 설명을 시작했다.

"이 문장은 벡터화의 예시로 사용될 겁니다. **벡터화** 는 단어를 숫자로 변환하는 과정이에요. 예를 들어, 'Hello'라는 단어를 [0.2, -0.1, 0.5], 'everyone'은 [0.3, 0.8, -0.2]와 같은 숫자 배열로 나타낼 수 있죠."

화면에는 단어가 숫자로 변환되는 과정이 시각적으로 나타났다. 이를 보던 제이가 물었다.

"이 숫자들이 무슨 의미인가요? 숫자로 단어의 의미를 파악할 수 있는 건가요?"

선생님이 설명을 이어갔다.

"좋은 질문이야, 제이. 벡터는 단어의 의미를 수학적 방식으로 표현한 거야. AI는 이 숫자들, 즉 벡터를 활용해 단어 간의 관계를 이해할 수 있지."

케이도 흥미로운 듯 물었다.

"그럼 임베딩은 뭐예요?"

알파가 덧붙여 설명했다.

"**임베딩**은 단어를 고차원 공간의 좌표, 즉 수학적 표현인 벡터로 변환하여 배치하는 과정이에요. 예를 들어, '고양이'를 [0.3, -0.2, 0.8], '개'를 [0.4, -0.1, 0.75] 같은 좌표로 표현할 수 있는 거죠. 이렇게 하면 AI는 단어를 위치와 거리로 표현할 수 있고, 이를 통해 '고양이'와 '개'처럼 유사한 단어들이 얼마나 비슷한지 수치로 분석하고 파악할 수 있어요."

제이는 이해한 듯 고개를 끄덕이며 질문했다.

"그렇다면 왜 굳이 벡터화를 하는 거죠?"

선생님이 답했다.

"AI가 언어의 복잡한 의미와 미묘한 차이를 이해하려면, 단어를 수

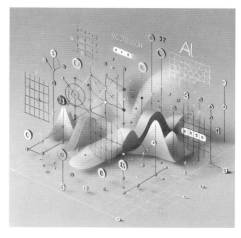

AI가 텍스트, 이미지 등의 데이터를 숫자로 변환하여 의미 관계를 이해하고 처리한다.

치로 변환해 위치 관계를 분석하는 과정이 필요해. 예를 들어, '고양이'와 '개'는 서로 다른 동물이지만 유사한 위치에 있게 돼. 이걸 통해 AI는 두 단어가 비슷한 의미를 가진다고 파악할 수 있는 거지."

케이는 감탄하며 말했다.

"AI가 우리 말을 어떻게 이해하는지 조금 알 것 같아요."

어텐션 메커니즘

화면에 '어텐션 메커니즘'과 관련된 다양한 뉴스 기사가 나타났다. 예시 기사는 '지구 온난화로 인한 극단적 이상 기후 증가'였고, 중요한 단어들이 굵은 글씨와 선명한 색상으로 표시되었다. '지구 온난화'는 파란색, '극단적 이상 기후'는 빨간색, '이산화탄소 배출량'은 초록색으로 표시되어 있었다.

알파가 설명했다.

"**어텐션 메커니즘**은 AI가 방대한 텍스트 중에서 중요한 내용을 스스로 선별하고, 그 핵심에 집중할 수 있도록 설계된 기술이에요. 사람들이 중요하다고 생각되는 부분에 자연스레 집중하는 것처럼, AI는 어텐션 메커니즘을 통해 불필요한 정보를 배제하고, 질문과 연관된 주요 요소에 더 많은 '주의'를

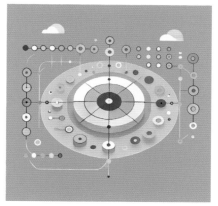

입력 데이터가 어텐션 가중치를 통해 중요한 부분이 강조되어 선택적으로 출력되는 모습. 작은 개별 원들은 중요 정보로 선별된 출력 데이터를 나타낸다.

기울입니다. 덕분에 AI는 단순히 데이터를 읽는 것을 넘어, 핵심 내용을 잘 파악하여 깊이 있는 분석과 정교한 답변을 생성할 수 있어요."

알파는 색으로 강조된 화면 예시를 가리키며 덧붙였다.

"예를 들어, '지구 온난화'라는 주제를 다룰 때 어텐션 메커니즘은 온난화의 원인, 결과, 그리고 그 영향을 가장 잘 설명해주는 단어들에 주의를 기울입니다. 이렇게 하면 AI는 수백만

개의 단어 중에서도 '이산화탄소 배출', '극단적 기후 변화'처럼 중요한 단어들을 중심으로 정보를 구성할 수 있어요. 결국, 어텐션 메커니즘을 통해 AI는 특정 질문에 맞는 정확하고 중요한 내용을 더욱 집중해서 다룰 수 있는 거죠."

제이가 물었다.

"그럼 이 기술을 이용해 글을 더 잘 이해할 수 있나요?"

"맞아, 제이. 이 기술을 사용하면 글을 읽으면서 중요한 단어나 문장을 더 쉽게 찾아낼 수 있지."

선생님이 미소 지으며 말했다.

"어텐션 메커니즘은 학습 과정에서 중요한 정보를 식별하는 데 큰 도움을 줄 수 있어. 역사 과제를 할 때 중요한 사건이나 인물을 쉽게 찾고, 방대한 자료에서 핵심 정보를 빠르게 식별할 수 있어. 예를 들어, '프랑스 혁명'에 대한 정보를 찾을 때 '루이 16세'나 '바스티유 감옥 습격' 같은 키워드를 강조해서 찾아줄 수 있지."

"그럼 수학이나 과학에서도 사용할 수 있나요?"

"물론이지, 제이. 수학 문제를 풀 때는 필요한 공식을 빠르게 찾아낼 수 있고, 과학 실험에서도 중요한 개념을 쉽게 식별할 수 있어. 예를 들어 '광합성'에 대해 공부할 때, '엽록체'나 '광합성 과정' 같은 용어를 강조해 보여 줄 수 있지."

케이는 눈을 반짝이며 말했다.

"모든 과목에서 어텐션 메커니즘을 활용해 봐야겠어요."

시퀀스 투 시퀀스 모델

화면에는 '시퀀스 투 시퀀스 모델'의 구조가 자세히 나타났다. '지구는 태양 주위를 돈다.' 라는 문장이 입력되자, 각 단어가 벡터화 과정을 거쳐 '지구'는 [0.1, 0.2, 0.3], '태양'은 [0.4, 0.5, 0.6]과 같은 벡터로 변환되었다. 변환된 벡터들은 인코더를 통해 처리된 후 디코더를 거쳐 'The earth orbits the sun.'으로 변환되었다.

제이가 손을 들고 물었다.

"알파, 이 모델이 어떻게 작동하는지 좀 더 자세히 설명해 줄 수 있어요?"

"**시퀀스 투 시퀀스 모델**은 주로 번역과 같은 작업에 사용돼요. 입력된 문장을 벡터화한 후, 인코더가 이를 처리하고 디코더를 통해 다른 언어로 변환하는 방식이에요. 예를 들어, '지구는 태양 주위를 돈다.'라는 문장이 'The earth orbits the sun.'으로 변환되는 과정에서 각 단어가 벡터로 표현되어 AI가 의미를 이해하고 변환할 수 있는 거죠."

케이가 고개를 끄덕이며 질문했다.

"인코더와 디코더는 각각 어떤 역할을 하나요?"

선생님이 설명을 덧붙였다.

"좋은 질문이야, 케이. 인코더는 입력 문장의 의미를 파악해서 기억하고, 디코더는 그 정보를 바탕으로 새로운 언어로 문장을 생성한단다. 예를 들어, '지구'라는 단어가 영어로 'The earth'로 변환될 때, 인코더가 '지구'의 의미를 해석하고, 디코더가 그 의미를 영어로 표현하는 거야."

케이가 이해한 듯 말했다.

"그러니까 벡터화된 단어들이 모델에서 처리된 뒤, 그 결과로 새로운 문장이 만들어지는 거군요."

선생님이 고개를 끄덕이며 설명을 이어갔다.

"맞아, 그리고 이 과정에서 중요한 역할을 하는 게 바로 숨겨진 상태란다. 예를 들어, '지구는 태양 주위를 돈다.'라는 문장을 처리할 때, 인코더는 문장을 단어 단위로 읽으며 각 단어의 의미를 숨겨진 상태로 저장해. 이 숨겨진 상태는 이전 단어들과 현재 단어의 정보를 모두 포함하고 있어서, 문장의 전체 맥락을 파악하는 데 도움을 줘. 예를 들어, '지구'라는 단어의 숨겨진 상태에는 '지구'가 주체라는 정보가, '태양'이라는 단어의 숨겨진 상태에는 '태양'과 '지구의 관계'가 추가돼. 마지막으로 '돈다'를 처리했을 때, 숨겨진 상태는 문장의 전체 맥락인 '지구가 태양 주위를 돈다.'라는 의미를 요약하게 돼. 디코더는 이 숨겨진 상태를 받아서 영어로 변환하는 거란다."

케이가 눈을 반짝이며 말했다.

"숨겨진 상태가 문장의 요약 정보라고 생각하면 되겠네요. 그래서 AI가 문장의 의미를 더 잘 이해할 수 있는 거군요!"

선생님이 미소를 지으며 답했다.

"정확해, 케이. 숨겨진 상태는 AI가 문맥을 이해하고, 그 정보를 기반으로 더 자연스러운 답변을 생성하도록 돕는 핵심 요소야."

선생님이 계속해서 설명했다.

"시퀀스 투 시퀀스 모델 덕분에 AI가 언어 번역, 요약, 질문 응답 등 다양한 작업에서 유용한 도구가 되는 거야."

케이는 흥미로운 표정으로 말했다.

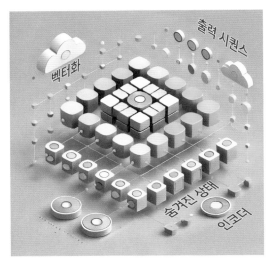

벡터화를 통해 입력 데이터를 수치로 변환한 뒤, 인코더는 입력 시퀀스를 요약하여 숨겨진 상태를 생성하고, 디코더는 이를 기반으로 출력 시퀀스를 생성한다.

"와, 정말 대단해요. 이렇게 복잡한 일을 할 수 있다니!"

케이도 감탄하며 말했다.

"이 활동을 통해 AI가 어떻게 우리의 질문에 응답하는지 더 잘 이해하게 됐어요."

2. AI 인지적 유연성

"AI는 어떻게 이렇게 다양하고 복잡한 문제를 해결할 수 있을까? 우리가 지금부터 배울 AI 인지적 유연성 은 AI가 복잡한 문제를 이해하고 해결하는 능력에 관한 개념이야. 여기에는 문제를 작은 단위로 나누어 해결하는 '문제 분해', 서로 연관된 정보를 활용하는 '연관성 기반 학습', 반복되는 패턴을 찾아내는 '패턴 인식', 한 분야에서 배운 것을 다른 분야에 적용하는 '전이 학습', 그리고 자신의 학습 과정을 되돌아보는 '메타 인식' 등이 포함되어 있어."

그때 제이가 손을 들며 물었다.

"선생님, AI는 어떻게 이런 능력을 가질 수 있어요?"

"좋은 질문이야. AI가 복잡한 문제를 유연하게 해결하는 데, 우리가 앞서 살펴본 벡터화, 임베딩, 어텐션, 시퀀스 투 시퀀스 같은 기술들이 중요하게 사용되지. 이러한 기술들 덕분에 AI는 단순히 데이터를 처리하는 기계를 넘어서, 새로운 문제 상황에 유연하게 대응하고 다양한 상황에서 지식을 응용할 수 있는 인지적 유연성을 가지게 되는 거야. 하나하나 좀 더 자세히 알아 보자."

문제 분해_ 복잡한 문제를 해결하는 첫걸음

선생님은 큰 상자 하나를 화면에 띄웠다. 상자 안에는 빨강, 파랑, 노랑 공이 여러 개 들어 있었다. 선생님이 상자를 가리키며 말했다.

"여기에는 12개의 공이 있고, 빨강, 파랑, 노랑으로 나뉘어져 있어. 각 색깔의 비율을 구하려면 어떻게 해야 할까?"

제이가 손을 들고 답했다.

"각 색깔별로 몇 개씩 있는지 세고, 전체 수와 비교해 비율을 구하면 될 것 같아요."

선생님은 고개를 끄덕이며 공을 색깔별로 분류했다.

"맞아, 제이. 이렇게 전체 문제를 색깔별로 나누어 생각하면 더 쉽게 해결할 수 있단다. 이 과정을 통해 전체와 각 부분의 관계를 이해할 수 있어. 우리는 이런 과정을 '문제 분해'라고 부르지."

선생님은 설명을 이어갔다.

"AI를 활용하면, 복잡한 문제를 더 작고 다루기 쉬운 단위로 나누는 문제 분해라는 사고 과정을 발전시킬 수 있어."

제이가 손을 들고 질문했다.

"선생님, 문제 분해가 구체적으로 어떤 뜻인가요?"

선생님이 답했다.

" 문제 분해 는 복잡한 문제를 관리하기 쉬운 작은 단위로 나누는 과정이야. 예를 들어, 주방 정리라는 복잡한 작업을 '식기 정리', '식료품 정리'로 나누면 해결이 훨씬 쉬워지지."

케이가 선생님에게 질문했다.

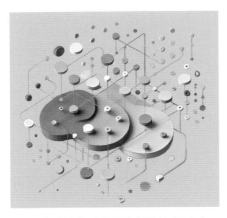
문제 분해를 사용하면 복잡한 문제를
작은 단위로 나누어 해결할 수 있다.

"그렇다면 우리가 공부하는 주제도 이렇게 나눌 수 있나요?"

선생님이 미소 지으며 대답했다.

"물론이지, 케이. 학습 주제를 생각해 보고 여러 소주제로 나누면 돼. 예를 들어, 역사 과제를 할 때 '주요 인물', '중요 사건', '시대적 배경'으로 나누는 것처럼 말이야."

제이와 케이는 알파의 도움을 받아 학습 주제를 소주제로 나누는 연습을 시작했다.

"AI가 문제를 분해하는 방법을 더 자세히 설명해 주세요."

알파가 설명했다.

"좋아요, 제이. AI는 복잡한 문제를 작은 부분으로 나눠 각 부분의 의미와 중요성을 파악해요. 예를 들어, 여러분이 '프랑스 혁명'을 공부한다고 가정해 보죠. AI는 이 주제를 '원인', '주요 인물', '중요 사건', '결과'로 나누어 각 부분을 깊이 이해할 수 있도록 도와줍니다."

케이는 고개를 끄덕이며 말했다.

"아, 그러니까 AI가 주제를 나눠서 각 부분을 깊이 있게 이해하도록 도와주는 거군요."

선생님이 덧붙였다.

"그래. 이렇게 분해된 문제를 하나씩 해결해 나가면 복잡한 주제를 쉽게 해결할 수 있지. 이렇게 하면 학습할 때 중요한 세부 사항을 놓치지 않고 전체 그림을 명확하게 파악할 수 있단다. 앞으로도 이런 방식을 학습에 적용해 보렴."

연관성 기반 학습_ 개념을 연결하여 깊이 있는 이해 쌓기

대형 디스플레이 화면에는 연관성 기반 학습을 시각적으로 설명하는 다이어그램이 나타났다.

다이어그램 중앙에는 '연관성 기반 학습'이라는 단어가 크

게 쓰여 있었고, 그 주변으로 여러 단어들이 연결된 형태로 배열되어 있었다.

알파가 말했다.

"'빛'과 '태양'은 서로 연관된 단어예요. 이렇게 연관성을 통해 정보를 기억하고 새로운 지식을 구축하는 것이 바로 연관성 기반 학습입니다."

선생님이 덧붙여 설명했다.

"연관성 기반 학습은 단어와 개념들이 서로 어떻게 연결되는지를 배우는 과정이야. '태양'이라는 단어를 생각하면 자연스럽게 '빛'이 떠오르지? 이렇게 연관된 단어들을 함께 학습하면 더 잘 기억할 수 있어."

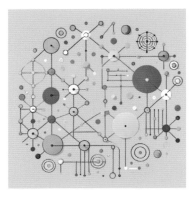

개별 개념들이 서로 연결되면서, 학습자는 다양한 개념 간의 연관성을 활용해 지식을 쌓아간다.

케이가 고개를 끄덕이며 물었다.

"그러니까 연관된 단어들을 함께 공부하면 더 쉽게 기억할 수 있다는 거군요?"

선생님이 미소 지으며 말했다.

"맞아, 케이. 그리고 이런 방식은 언어뿐만 아니라 다른 과목에서도 유용하게 쓰일 수 있어. 예를 들어, 과학에서 '에너지'와 '전기'를 연관 지어 학습하면, 두 개념을 더 잘 이해할 수 있단다."

알파가 다시 화면을 가리키며 말했다.

"다이어그램을 보면, 각 단어가 다른 단어들과 어떻게 연결되어 있는지 볼 수 있습니다. 이런 연관성을 통해 여러분이 학습하는 내용을 더 쉽게 이해하고 기억할 수 있게 돕는 거죠."

제이가 흥미를 보이며 말했다.

"그러면 이 다이어그램처럼, 우리가 공부할 때도 관련된 개념들을 연결해서 정리하면 좋겠네요."

선생님이 고개를 끄덕이며 말했다.

"자, 연관성 기반 학습을 사용해서 학습 능력을 한 단계 높여 보자."

제이가 먼저 손을 들었다.

"저는 수학의 '함수'를 중심으로 연관성 맵을 만들게요."

케이도 곧바로 대답했다.

"저는 '로마 제국'을 중심으로 해 볼 거예요."

제이와 케이는 알파의 도움을 받아 자신들만의 연관성 맵을 작성하기 시작했다. 제이는 '함수'를 중심으로 '방정식', '그래프', '변수'를 연결했고, 케이는 '로마 제국'을 중심으로 '줄리어스 시저', '콜로세움', '폼페이'를 연결했다.

선생님이 학생들에게 다가가며 말했다.

"잘하고 있어. 이렇게 연관성 맵을 만들면 각 주제의 세부 항목들을 더 쉽게 기억하고 이해할 수 있게 된단다."

제이가 질문했다.

"선생님, 연관성 맵을 만들면 어떤 점이 좋은가요?"

선생님이 설명했다.

"연관성 맵을 만들면 정보 간의 연결 고리를 쉽게 찾을 수 있어. 지식을 체계화하고 장기 기억에 도움을 주는 중요한 전략이지."

케이가 고개를 끄덕이며 말했다.

"AI가 연관성 학습에 강한 이유는 무엇인가요?"

알파가 추가 설명을 덧붙였다.

"AI가 방대한 양의 텍스트 데이터를 학습하면서 단어 간의 관계를 자연스럽게 학습하기 때문입니다. 여기에는 벡터화와 임베딩 과정이 중요한 역할을 합니다."

제이가 흥미롭게 물었다.

"그렇다면, AI는 단어들 간의 관계를 어떻게 이해할 수 있는 거예요?"

선생님이 설명을 시작했다.

"벡터화는 단어를 수치 데이터로 변환하는 과정이야. 예를 들어, '사바나 기후'를 벡터로 표현하면 [0.2, 0.5, 0.3, 0.7]과 같은 숫자 배열로 나타낼 수 있어. 임베딩은 이런 벡터들을 고차원 공간에 배치하여 단어 간의 유사성을 파악하는 기법이야."

알파가 설명을 덧붙였다.

"맞아요. 벡터화와 임베딩을 통해 AI는 단어 간의 복잡한 관계를 이해해요. '사바나 기후'와 '열대우림 기후'는 모두 열대 지역의 기후라서 벡터 공간에서 가깝게 위치해요. 이렇게 유사한 특성을 가진 개념들이 가까이 매핑되면, AI는 새로운 정보를 분석할 때도 두 기후가 비슷한 환경적 특성을 가진다고 연관 지을 수 있어요."

제이가 놀라움을 표시했다.

"정말 대단해요. AI가 이렇게 연관성을 이해하고 활용할 수 있다니!"

선생님이 미소를 지으며 말했다.

"맞아, 제이. 우리는 AI의 이런 기술을 활용해서 더 효율적으로 공부할 수 있어. 앞으로 공부할 때 이 방법을 사용해 보렴. 특히 복잡한 주제를 공부할 때 매우 유용하단다."

패턴 인식_ 규칙성과 반복을 통한 이해와 응용

선생님이 설명을 시작했다.

"이제 패턴을 읽어내는 연습을 해 볼 거야. 패턴 인식은 우리가 세상을 이해하는 데 큰 역할을 한단다."

알파가 세 개의 이미지를 가리키며 설명했다.

"이미지에서 반복되는 요소나 구조를 찾아볼 거예요. 각 이미지에서 반복되는 패턴을 확인해 보세요."

제이는 일정한 패턴을 이루는 나무 배열을 발견하고 흥미로워했다.

"이 나무 배열은 정원사가 의도적으로 심은 것처럼 보여."

케이도 파도의 형태가 반복되는 패턴을 보여 주는 이미지를 찾아 공유했다.

"파도마다 비슷한 모양과 크기가 반복되네."

제이가 덧붙였다.

"고층 빌딩의 불빛이 규칙적이야. 그물망처럼 보이기도 해."

선생님은 제이와 케이의 관찰을 칭찬하며 말했다.

"패턴 인식은 정보를 빠르고 효율적으로 처리하는 데 큰 도움을 줘. 음악 장르를 구분하거나 자연 현상을 이해하는 등 학습과 일상에서 중요한 역할을 한단다."

선생님은 설명을 이어갔다.

"AI의 패턴 인식 능력을 학습에 활용하면 복잡한 정보나 자료를 더 쉽게 이해할 수 있어. 예를 들어, 수학에서 문제의 특정 패턴을 파악하면 비슷한 문제를 풀 때 훨씬 효율적으로 접근할 수 있지."

알파가 화면에 나타나 덧붙였다.

"맞아요. AI는 방대한 데이터를 통해 학습하면서 패턴을 인식해요. 특정 패턴을 찾아내면 새로운 문제나 자료를 분석할 때 빠르게 핵심을 이해할 수 있어요."

제이가 손을 들고 물었다.

"그럼 우리가 공부할 때도 AI처럼 패턴을 찾아내는 게 도움이 될까요?"

선생님이 미소 지으며 대답했다.

"물론이지, 제이. 학습할 때 특정 패턴을 찾아내면 새로운 내용을 배우거나 문제를 해결할 때 더 쉽게 접근할 수 있단다. 예를 들어, 역사 공부에서 사건의 흐름과 인과 관계를 패턴으로 이해하면 복잡한 역사적 맥락도 빠르게 파악할 수 있어."

케이도 궁금해하며 질문했다.

"그럼 우리가 AI처럼 패턴 인식을 활용해 문제를 해결하려면 어떻게 해야 하나요?"

알파가 대답했다.

"패턴을 찾기 위해선 먼저 자료를 여러 번 검토하고 반복되는 요소를 확인하는 것이 중요해요. AI는 데이터를 반복적으로 분석하면서 주요 특징을 학습해요. 여러분도 비슷하게 자

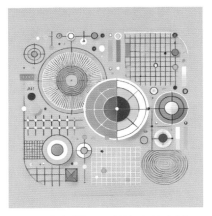
AI는 데이터를 구조화하여 의미 있는 정보를 추출하고, 규칙성과 패턴을 발견한다.

료를 자세히 분석하고, 중요한 키워드나 반복되는 개념을 찾아 보세요."

선생님이 강조했다.

"그리고 배운 내용을 정리할 때도 패턴을 찾아보고 적용해 보렴. 중요한 주제나 개념들을 연결하면서, 전체적인 흐름을 이해하려는 연습을 하면 학습 효과가 훨씬 높아질 거야."

전이 학습_ 한 분야의 지식을 넓은 영역으로 확장하기

알파가 화면을 밝히며 전이 학습의 개념을 소개하기 시작했다. 대형 디스플레이 화면에는 전이 학습을 시각적으로 설명하는 다이어그램이 나타났다.

알파가 말했다.

"전이 학습을 통해, 우리는 한 분야에서 배운 지식을 다른 분야에 적용할 수 있습니다. 수학에서 배운 논리적 문제 해결 방법을 과학 실험에 적용하는 것처럼요. 이 방식은 학습의 범위를 확장하고, 배운 지식을 다양한 분야에서 활용할 수 있게 해 줍니다."

선생님은 전이 학습을 경험해 보도록 제안했다.

"제이, 넌 수학에서 배운 문제 해결 전략을 어떻게 다른 과

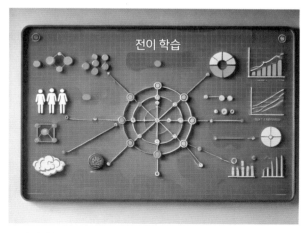

전이 학습의 원리를 통해 주요 개념들이 다양한 분야와 연결되면서 창의적인 사고를 촉진한다.

목에 적용할 수 있을까 생각해 보자. 케이, 너는 역사 공부를 통해 얻은 지식을 다른 분야에 어떻게 활용할 수 있을지 고민해 보렴.”

제이가 고민 끝에 아이디어를 제시했다.

“수학에서 배운 단계별 접근을 프로그래밍 문제 해결에도 적용할 수 있겠어요. 문제를 분해하고 단계별로 접근하는 그 방식을 말이에요.”

케이도 역사 공부에서 배운 인과관계 이해를 문학 분석에 적용하는 아이디어를 공유했다.

“역사에서 사건들 간의 인과관계를 분석하는 방식을 문학 작품 분석에 적용해 볼 수 있어요. 캐릭터들의 행동과 결과를 연결 짓는 것을 통해, 스토리를 깊이 있게 분석할 수 있을 것 같아요.”

선생님은 학생들의 아이디어를 칭찬하며 말했다.

“잘했어, 제이와 케이. 너희가 보여 준 것처럼, 전이 학습은 우리가 배운 지식을 더 넓은 맥락에서 적용하는 데 큰 도움이 된단다.”

이어서 제이와 케이가 전이 학습의 어려움을 어떻게 극복할 수 있을지 질문하자, 선생님이 대답했다.

"전이 학습이 어려운 이유는 각 분야마다 고유한 특성과 맥락이 있기 때문이지. 하지만 우리가 AI의 전이 학습 능력을 잘 활용하면 이 과정을 훨씬 더 쉽게 할 수 있단다."

선생님은 설명을 이어갔다.

"AI는 이미 방대한 데이터를 학습하며 다양한 분야에서 지식을 전이할 수 있도록 훈련된 모델이야. 예를 들어, AI가 수학 문제를 통해 논리적 사고를 학습하면, 이 논리적 사고를 과학이나 다른 문제 해결에도 응용할 수 있지."

케이가 흥미롭게 고개를 끄덕였다.

"너희도 AI의 전이 학습 능력을 떠올리면서, 배운 지식을 다양한 방식으로 연결하고 확장해 보렴. AI를 활용하여 배운 것을 계속 응용해 가며 더 넓고 깊게 학습할 수 있단다."

메타 인식_ 자기 성찰을 통한 학습의 강화

알파가 설명을 시작했다.

"메타 인식이란, 자신이 무엇을 알고 무엇을 모르는지 스스로 파악하고, 학습 과정을 조절하는 능력을 말해요. 메타 인식을 통해 우리는 더 효과적으로 학습하고 목표를 설정하며, 부족한 부분을 보완할 수 있어요."

선생님이 제이와 케이에게 질문을 던졌다.

"수학 문제를 풀 때 네가 어떤 방법을 사용하고 있는지 생각해 본 적 있니? 그리고 그 방법이 효과적인지 스스로 돌아본 적 있니?"

제이는 잠시 생각하다가 대답했다.

"네, 가끔 문제를 풀다가 내가 헷갈리는 부분이 뭔지 생각해 보곤 해요. 그런데 메타 인식이 그런 거라면, 좀 더 자주 학습 과정을 점검해 봐야겠어요."

선생님이 미소를 지으며 설명을 이어갔다.

"맞아, 메타 인식은 스스로 학습 방법을 조절할 수 있도록 도와주는 중요한 능력이란다. 수학 문제를 풀 때 자신이 어떤 방식으로 접근했는지, 어떤 부분에서 어려움을 느꼈는지 돌아보고 개선하려고 노력한다면, 그게 바로 메타 인식을 실천하는 거야."

알파도 기술적인 설명을 덧붙였다.

"AI도 학습 과정에서 메타 인식을 비슷하게 활용할 수 있어요. AI 모델은 데이터를 학습하면서 스스로 성능을 평가하고, 필요에 따라 학습 방법이나 매개 변수를 조정해 성능을 향상시키려고 노력합니다."

내적 인식은 반성적 사고를 통해 자신의 사고 과정을 돌아보고 평가한 후, 인지 모니터링을 통해 상황에 맞게 사고 과정을 조정하고 개선한다.

제이가 고민스러운 표정으로 말했다.

"메타 인식이 중요하다는 건 알겠는데, 공부할 때 내가 잘 이해하고 있는지, 아니면 어떤 부분을 더 공부해야 할지 확신이 안 서요. 메타 인식을 잘 활용하려면 어떻게 해야 할까요?"

선생님이 고개를 끄덕이며 대답했다.

"좋은 질문이야. 메타 인식을 잘 활용하려면 공부하는 도중에 잠시 멈추고 스스로에게 질문을 던지는 습관을 들이는 게 중요해. 예를 들어, '이 부분을 내가 확실히 이해했을까?' 또는 '지금 헷갈리는 부분이 무엇일까?'라고 스스로 물어보는 거야."

알파도 화면에 나타나 추가 설명을 했다.

"학습 일지나 노트를 활용하는 것도 좋은 방법이에요. 수업이 끝난 후, 배운 내용을 간단히 요약하고, 이해가 부족했던 부분이나 더 공부해야 할 내용을 적어 보세요. 이렇게 하면 자신이 무엇을 알고 있고, 어떤 부분을 더 공부해야 하는지 명확히 파악할 수 있답니다."

알파가 마지막으로 조언했다.

"메타 인식은 처음엔 익숙하지 않을 수 있지만, 점차 연습하다 보면 더 자연스럽게 활용할 수 있게 될 거예요. 중요한 것은 반복과 성찰이랍니다. 스스로를 되돌아보고 조절하는 연습을 통해 더 깊이 있는 학습을 할 수 있게 될 거예요."

· AI는 어떻게 문제를 나눠서 해결할까요?

문제 분해(Problem Decomposition)는 AI가 큰 문제를 작은 부분들로 나누어 해결하는 방법이에요. 이렇게 나누면 문제를 더 쉽게 이해하고 효율적으로 해결할 수 있어요. AI가 문제를 나누는 주요 과정들을 간단히 설명해 볼게요.

1. 자연어 처리 (NLP): 문장을 작은 단위로 나누어 핵심 정보를 파악해요. 예를 들어, '학교 프로젝트를 완료하는 방법'을 ['학교', '프로젝트', '완료', '방법']으로 나누는 식이죠.

2. 임베딩 (Embeddings): 단어를 숫자로 변환하여 AI가 이해할 수 있게 해요. '프로젝트'는 [0.5, 0.2, -0.3] 같은 숫자로 표현되며, 문맥에 따라 다른 의미로 파악할 수 있어요.

3. 어텐션 메커니즘: 중요한 단어에 집중하도록 돕는 기술이에요. '학교 프로젝트'에서 '프로젝트'가 중요하다면 AI는 해당 단어에 더 주의를 기울여요.

4. 트랜스포머: 문장의 전체 의미와 순서를 이해하도록 돕는 기술로, AI가 긴 문장에서도 앞뒤 의미를 잘 연결할 수 있게 해 줘요.

5. 계층적 분해: 문제를 '주제 선택', '자료 조사', '발표 준비' 같은 단계로 나누어 해결해요.

6. 피드백 루프: AI가 해결 과정에서 잘못된 부분을 스스로 수정하고, 더 나은 답을 찾아요.

이처럼 AI는 문제를 여러 단계로 나누어 체계적으로 해결해요.

· AI가 어떻게 단어와 개념의 관계를 이해할까요?

연관성 기반 학습(Contextual Learning)은 AI가 단어와 개념 간의 관계를 이해하는 원리입니다. AI가 이를 이해하고 적용하는 과정은 다음과 같은 기술로 요약할 수 있어요.

1. 임베딩 (Embeddings): 단어를 숫자로 표현해 유사성을 계산합니다. 예를 들어, '고양이'와 '강아지'의 벡터가 비슷하면 연관성이 있다고 판단해요. 또한 문맥에 따라 단어의 의미를 구분해 '은행'이 '돈'과 관련되거나 '나무'와 관련되기도 합니다.
2. 어텐션 메커니즘: 문장 속에서 중요한 단어에 집중하게 도와줍니다. AI는 '태양'과 '빛' 같은 연관 단어들에 주의를 기울여 문맥을 더 잘 이해해요.
3. 벡터 공간 모델: 단어 간 거리를 계산해 유사성을 측정하고, 비슷한 단어들을 그룹화해 연관성을 파악합니다.
4. 단어 군집화: 주제별로 단어들을 모아 토픽을 형성하고 연관된 단

어들을 그룹화합니다. 예를 들어, '기후 변화' 관련 주제에 '온난화', '환경' 같은 단어가 모여요.

5. 컨텍스트 기반 검색: 검색 시 연관된 단어도 함께 포함해 더 정확한 결과를 제공합니다.

이렇게 AI는 단어 간 관계를 학습하고, 문맥에 맞게 의미를 이해해 언어를 더 깊이 있게 활용할 수 있어요.

- **AI가 텍스트와 이미지에서 어떻게 중요한 패턴을 찾을까요?**

패턴 인식(Pattern Recognition)은 AI가 텍스트와 이미지에서 중요한 패턴을 식별하는 기술입니다. 이를 통해 AI는 반복적인 특징이나 중요한 정보를 파악하고 예측할 수 있어요.

1. 피처 추출 (Feature Extraction): 이미지나 텍스트에서 기본적인 특징을 추출합니다. 예를 들어, 이미지에서는 선과 모서리를, 텍스트에서는 단어 구조를 분석해요.

2. 어텐션 메커니즘: 문장이나 이미지의 중요한 부분에 집중하게 도와줍니다. AI가 핵심 단어나 이미지 요소에 주의를 기울일 수 있도록 해 줘요.

3. 신경망 (Neural Networks):
   - CNN: 이미지의 작은 부분을 분석해 물체나 얼굴을 인식하는 데 사용해요.
   - RNN: 텍스트 데이터의 순서를 기억하며 다음 단어를 예측합니다.

· 트랜스포머: 텍스트의 처음과 끝까지 빠르게 패턴을 파악해 문장
의 의미를 잘 이해해요.

4. 군집화 (Clustering): 유사한 데이터들을 그룹으로 묶어 패턴을
찾습니다. 예를 들어, 비슷한 구매 패턴을 가진 사람들을 그룹화
해 분석해요.

5. 패턴 매칭 (Pattern Matching): 미리 정해진 패턴을 찾아냅니
다. 예를 들어, 얼굴 인식이나 특정 형식의 정보를 찾는 데 사용됩
니다.

이러한 기술 덕분에 AI는 텍스트와 이미지에서 중요한 패턴을 빠르
게 찾고 이해할 수 있어요. CNN을 통해 이미지 속 물체를 찾아내거나,
트랜스포머로 문장 내 단어 관계를 파악해 의미를 이해할 수 있답니다.

• AI가 어떻게 배운 지식을 다른 분야에 활용할까요?

전이 학습(Transfer Learning)은 AI가 한 분야에서 배운 지식을 다른 분야에서 활용하여 문제를 해결하는 기술입니다. 이를 통해 AI는 새로운 작업을 더 빠르고 효율적으로 수행할 수 있습니다. 주요 원리는 다음과 같습니다.

1. 미리 학습된 모델 (Pre-trained Models): AI가 대규모 데이터 세트를 통해 기본 지식을 미리 학습하여, 새로운 작업에 빠르게 적응할 수 있습니다. 예를 들어, BERT나 GPT 모델은 방대한 텍스트를 사전 학습해 언어 구조를 이해할 수 있어요.

2. 특징 추출기 (Feature Extractor): 모델의 초기 부분을 고정하여 기본 특징을 추출하고, 이를 기반으로 새로운 데이터에 맞춰 학습을 이어갈 수 있습니다.

3. 도메인 적응 (Domain Adaptation): 기존 지식 위에 새 도메인 데이터를 추가로 학습해, AI가 분야 차이를 극복하고 새로운 도메

인에 적응할 수 있게 해요.

4. 지식 전이 (Knowledge Transfer): AI가 이미 학습한 언어 구조 나 패턴을 활용하여 유사한 문제를 해결할 수 있습니다. 예를 들 어, 일반 챗봇 모델을 특정 기업의 고객 지원에 활용할 수 있죠.

5. 도메인 간 학습 (Domain Transfer Learning): 여러 도메인에 서 동시에 학습하여, 다양한 분야에서 일관된 성능을 발휘할 수 있 는 모델을 만듭니다.

이러한 전이 학습 기술 덕분에 AI는 새로운 도메인에서도 빠르게 학습하고 응용할 수 있습니다.

• AI가 스스로 학습 과정을 되돌아보는 방법

메타 인식(Metacognition)은 AI가 학습 과정에서 자신의 상태를 파악하고 문제 해결 방식을 개선하는 능력을 말해요. 이를 통해 AI는 단순히 지식을 활용하는 것을 넘어, 학습 과정에서의 실수와 효율성을 분석해 성능을 더욱 향상시킬 수 있답니다.

1. 피드백 루프 (Feedback Loop): 학습 중 잘못된 부분을 스스로 수정하고, 반복 학습을 통해 성능을 점차 개선해요.
2. 불확실성 추정 (Uncertainty Estimation): AI는 자신의 예측에 대한 확신 수준을 수치로 표현하며, 불확실한 영역에 대해서는 신중하게 접근합니다.
3. 학습 평가 (Learning Evaluation): 성능을 스스로 점검해 약점을 파악하고, 오류를 분석해 실수를 줄여요.
4. 학습 전략 조정: 필요에 따라 학습 경로나 가중치를 조정해 전체 성능을 최적화해요.

5. 메타 학습 (Meta-Learning): AI가 효과적인 학습 방식을 파악
   하고, 새로운 작업에 맞게 모델을 조정하여 최적의 성능을 발휘
   할 수 있어요.

이런 메타 인식 덕분에 AI는 학습 과정에서 스스로 개선하고, 새로운
문제에 더 유연하게 대응할 수 있습니다.

AI를 내 편으로 만드는 질문의 기술

초판 1쇄 발행 2025년 4월 21일

글 김상수 **그림** 프롬프트랩

발행처 주식회사 스푼북 **발행인** 박상희 **총괄** 김남원

책임편집 이성령 **편집** 길유진 박선정 이민주 이지은

디자인 김보령 권수아 정진희 **마케팅** 박병건 박미소

출판신고 2016년 11월 15일 제2017-000267호

주소 (03993) 서울시 마포구 월드컵북로6길 88-7 ky21 빌딩 2층

전화 02-6357-0050(편집) 02-6357-0051(마케팅)

팩스 02-6357-0052

전자우편 book@spoonbook.co.kr